# Die fliegende Jurte

## Vom Glück einfach zu leben

# Die fliegende Jurte

## Vom Glück einfach zu leben

Mit Texten von Nadja Schotthöfer
und David Schuster

Fotografiert von
Stefan Rosenboom

KNESEBECK

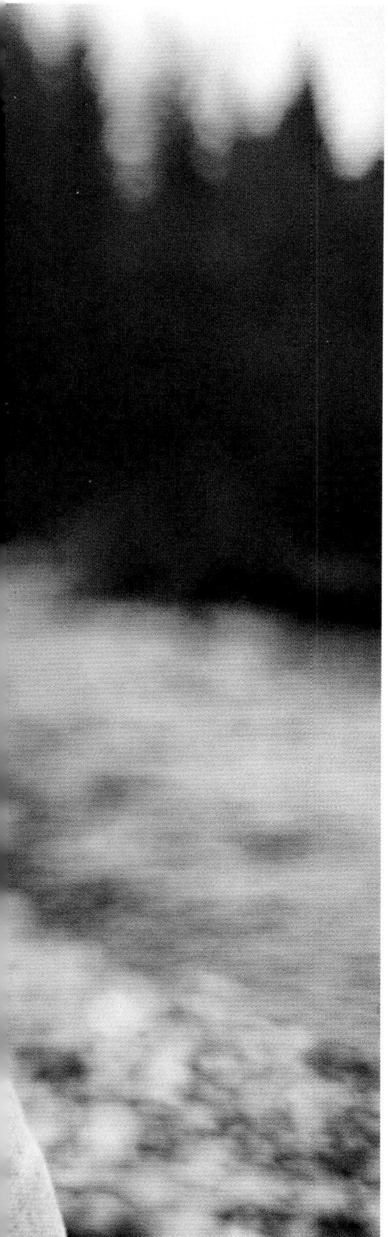

# Prolog

Endlose Steppe, das Gras tanzt im Wind, am Horizont ragen die Berge des Altai auf. Winzig steht an einem Fluss voll träger großer Forellen eine Jurte. Elstern fliegen um das Rund aus Filz und Stoff – Glücksvögel. In der weiten Landschaft wirkt das kleine Feuerzelt verloren. Für seine Bewohner ist es jedoch das Zentrum, ein Ort der Nähe, der Wärme, der Freuden und Leiden, für Buttertee und Schafsmägen. Die Jurte ist die schützende Hülle, wenn die Wolken tief und schnell über das Wasser des eisigen Bergsees Hoton Nuur jagen und das erste Donnern endlich die Stille bricht. Wenn der Ofen knistert und die Farben in der Jurte im Rhythmus des Feuers zu tanzen beginnen, rückt die Familie zusammen. Vater, Mutter, die Kinder wärmen sich am Ofen und am gemeinsamen Lachen. Plötzlich verschwindet das romantische Bild, höre ich doch nicht das Rauschen des Chowd Gol, den die Gletscher des Altai speisen, sondern das Plätschern der Ammer, die in den Alpen entspringt. Ich stehe nicht in der Mongolei, dem Sehnsuchtsland meiner Träume, sondern mitten in Bayern vor der Jurte von Nadja und David, Frida und Tonda. Zufrieden, sie so nahe bei mir zu haben, trete ich über die Schwelle der reich verzierten Tür in den behaglichen Raum mit dem knisternden Ofen ein.

Stefan Rosenboom

# Vorwort

Vor zwei Jahren stand die Jurte auf einmal da, ganz in der Nähe unseres Hauses. An ihrem Platz oben beim Weiher konnte man sie zwischen Buchen und Kiefern gut sehen. Wenn aus ihrem kleinen Schornstein Rauch aufstieg, wusste ich, dass Nadja und David zu Hause waren. Sogleich freute ich mich auf einen kleinen Spaziergang, zog es mich doch hinüber und hoffte ich, dass sich die orangefarbene Türe öffnen und ein Lächeln mich einladen würde. Solange die Jurte bei unserem Anwesen stand, gingen wir oft spazieren. Und natürlich öffneten sich die Türe und immer weiter auch die Herzen.

Als freier Fotograf und Autor bin immer auf der Suche nach Geschichten für meine Bilder, Bücher und Vorträge, sei es in Afrika, auf dem Jakobsweg, in Patagonien und den Pyrenäen, in Japan und auf Island. Doch langsam wurde mir bewusst, dass die Geschichte diesmal mich gefunden hatte. So fasste ich mir ein Herz und fragte Nadja und David, ob ich von ihrem Leben in der fliegenden Jurte in einem Buch erzählen dürfte. Die Antwort halten Sie in den Händen. Gleichzeitig mit meiner Arbeit begann für mich und meine Familie eine wundervolle, inspirierende Zeit des Glücks und der Nähe. Als Nadja ihr erstes Kind erwartete, wünschte sie sich, dass meine Frau Susanne bei der Geburt dabei sei.

Für Susanne war das eine große Ehre und ein noch größeres Geschenk. Nadja und Davids Tochter Frida wurde im März ihres ersten Jahres in der Jurte geboren. Aus dem Paar war eine kleine Familie geworden – und eine Zweitfamilie für meine Tochter Silja, die in der Jurte bald mehr Zeit als bei uns verbrachte.

Silja hüllte sich nur noch in Wolle, mahlte Korn, steckte Kartoffeln, baute Bogen, erntete Salat, trug Frida im Tuch und schlief auch bei starken Stürmen seelenruhig in der Jurte. Kann es für eine Neunjährige etwas Schöneres, Aufregenderes, Inspirierenderes geben? Meine Tochter erlebte eine rundum erfüllte Zeit, was Susanne und mir maßlose Freude bereitete.

Dank meiner Arbeit an diesem Buch hatte aber auch ich das Glück, viel Zeit mit den dreien verbringen zu dürfen. Unzählige Male saßen wir abends alle zusammen im »Da Jurda«, aßen Köstlichkeiten vom Acker und lauschten Davids Akkordeonspiel. Die Kostbarkeit von Momenten begreift man häufig erst, wenn sie vergangen sind. In der Jurte war dies jedoch anders. Jede Sekunde sog ich in mich auf, mit dem Wissen um die Vergänglichkeit des Augenblicks und doch mit der Hoffnung, es möge immer so bleiben. Bei Nadja und David fühlte ich mich so ruhig und froh, dass ich darüber nachdachte, selbst mit Susanne und Silja in eine Jurte zu ziehen. Heute weiß ich, dass meine Energie für ein solches Leben nicht ausreicht. Doch Menschen wie Nadja und David können sich dank ihrer grenzenlosen Begeisterung auf diese Weise individuell entfalten und sich ihre Vision von einem freien, einfachen Leben erfüllen.

Nach den Erlebnissen in der fliegenden Jurte werden wir nun wirklich in die weite Steppe reisen, in die Berge des Altai. Susanne, Silja und ich. Ich möchte den Wind spüren, der über den Hoton Nuur jagt, ich möchte sehen, ob die Lerchen in der Mongolei wirklich höher in den Himmel steigen, und ich möchte den Menschen dort ein Buch aus einem fernen Land zeigen, in dem an einem Fluss voller träger großer Forellen eine Jurte steht. Und ich hoffe, die Türen und Herzen mögen sich auch dort öffnen.

Im März dieses Jahres, gerade als ich diese Zeilen schrieb, kam Fridas Bruder Tonda auf die Welt. Die Jurte ist voller Leben – schön.

*Danke – Nadja, David, Frida und Tonda*
*Für die Begegnung unter dem Jurtenkranz*
*Für die Zeit und die Nähe*
*Für die Inspiration und das Vertrauen*
*Für das Glück der Freundschaft und des einfachen Lebens*

Stefan Rosenboom

Silja, glücklich mit Frida im Arm

# Feuerzelt
## und Wintersonne

# Anfänge

»Jedem Anfang wohnt ein Zauber inne …« (Hermann Hesse)

*Alles ist weiß. Der Schnee bedeckt das Land, die Wiesen und Wälder um unsere Jurte sind fest in der Hand des Winters. Unter der Schneedecke schlummern in der Erde Abermillionen Samen und warten auf das Frühjahr, um sich in ihrer ganzen Vielfalt zu entfalten. Draußen ist es kalt, doch ich sitze in der warmen Jurte und denke zurück an die Zeit, bevor wir in unser Feuerzelt zogen. Ich versuche mich daran zu erinnern, wann mir zum ersten Mal die Idee kam und wie der Gedanke in mir reifte, eine Lebensform zu erproben, die mich heute mit großem Glück erfüllt.*

Ein wichtiger Auslöser war wohl meine Sehnsucht nach Lebendigkeit, nach einem Leben in der Natur, mit der Natur. Eine Quelle der Inspiration fand ich in dem Buch *Auf der Suche nach dem verlorenen Glück*. Jean Liedloff beschreibt darin das Leben der Ye'kuana, die im tropischen Regenwald entlang des Amazonas siedeln. Das Buch war für mich wie eine Offenbarung, und fortan saugte ich Informationen über die indigenen Völker der Welt auf wie ein verdurstender Baum Wasser. Ich lernte steinzeitliche Handwerkstechniken, übte, wie man ohne Streichhölzer und Feuerzeug ein Feuer entzündet, und begann mich für Wildkräuter zu begeistern.

Doch wozu braucht man in unserer technisierten Welt diese Fertigkeiten? Die Beschäftigung mit alten Techniken und überliefertem Wissen besaß vorerst noch spielerischen Charakter. Sie fühlte sich jedoch so stimmig an, dass ich mich weiter damit befasste und immer intensiver nach einem Weg suchte, diese tradierten Fähigkeiten und Kenntnisse mit der modernen Welt zu verbinden.

Zu diesem Zeitpunkt erfuhr ich zum ersten Mal von Gleichgesinnten, die in Frankreich in »Jurten« lebten. Mein Interesse war sofort geweckt, obwohl ich nur wusste, dass es sich dabei um eine Art mongolische Zelte handelte. Bald darauf nahm ich nicht weit von meinem damaligen Wohnort entfernt an einem Kurs teil, in dem man lernen konnte, wie man Jurten baut. Als ich auf dem Areal des Kurses eintraf, war ich überwältigt vom Anblick einer Jurte mit acht Metern Durchmesser, die als Übernachtungsraum für die Gäste diente. In einem solch hellen, runden, wunderbaren Eigenheim aus eigener Hand wollte ich leben!

»Die meisten Menschen haben nie bedacht, was ein Haus ist, und sind tatsächlich überflüssigerweise ihr Leben lang arm, weil sie glauben, ein ähnliches haben zu müssen wie ihre Nachbarn. Warum sollte unsere Einrichtung nicht so einfach sein wie die der Araber oder Indianer?«, schrieb der amerikanische Philosoph Henry David Thoreau 1854 in *Walden oder Leben in den Wäldern* – Ja, warum eigentlich nicht? Wieso gilt es als normal, sich große Häuser zu bauen, die man bis ins Alter teuer abbezahlen muss, obwohl oft nur wenige Menschen darin leben? Ich überzeugte meine Liebste durch meine Begeisterung und konnte sie für das Abenteuer gewinnen.

Von da an ging alles wie von alleine, und wir durften tatsächlich den Zauber spüren, der allem Anfang innewohnt. Durch einen großen Zufall konnten wir sehr günstig die Holzkonstruktion samt Dachplane einer gebrauchten Jurte erstehen. Von Schafbauern bekamen wir Berge von Wolle, aus denen wir uns die fehlende Isolierung selber filzten. Und es tat sich ein Platz auf, an dem wir die Jurte aufbauen konnten.

So kam die Jurte, in der ich jetzt sitze, die verschneite Landschaft betrachte und nachdenke, zu Nadja und mir.

# Im Feuerzelt

*Das Herz der Jurte ist der Holzofen. Er knistert und brummt und verbreitet wohlige Wärme. Die flackernden Flammen, die hinter einer Glasscheibe züngeln, zaubern einen tanzenden Lichtschein an den Wandfilzen.*

*Über dem Ofen ist ein langer Haselstecken an zwei Schnüren befestigt. Kurz unterhalb der Decke reicht er einmal quer durch die Jurte. Feuchte Kleidung und Textilien werden über diese waagrechte Stange gelegt, wo sie meist schnell wieder trocknen. Die Hitze des brennenden Feuers bringt Bewegung in die Geschirrtücher, Hemden und all die anderen Dinge, die an dem Stock aufgehängt sind. Wie von Geisterhand angestoßen wackeln sie lustig vor sich hin.*

*Der Ofen dient auf diese Weise zugleich als Heizung, Wäschetrockner und Herd. Auf ihm steht schon ein großer Topf, aus dem es verführerisch nach fein gewürzter Kürbissuppe duftet.*

Ich sitze oft beim Ofen und lasse den Blick durch die Jurte schweifen. Durch den runden Lichtring in der Mitte des Dachs fällt das Licht von oben in den fensterlosen Innenraum. Dieses angenehme, indirekte Licht ist überraschend stark und sorgt in der Jurte für weitaus mehr Helligkeit, als man erwarten würde. Aus unserem fensterlosen Raum können wir von innen zwar nur hinausschauen, wenn wir die Tür öffnen, im Gegenzug kann aber auch niemand hineinschauen. Dadurch entsteht ein wunderbares Gefühl der Geborgenheit, auch wenn es passieren kann, dass man einen Besucher erst bemerkt, wenn er an die Türe klopft. Wenn die Mongolen in ihrer Jurte nicht gestört werden wollen, stecken sie einfach einen »urga« genannten Stock in einiger Entfernung in den Boden. Jeder weiß dann, dass er jetzt lieber fernbleiben sollte. Hierzulande funktioniert dieses einfache System leider nicht, da uns die Symbolik nicht vertraut ist.

Die Seitenwände der Jurte bestehen aus dem Scherengitter, dessen sich rhythmisch überkreuzende Hölzer den Wohnraum umrunden. Am oberen Rand dieses Scherengitters wird der Filz von außen befestigt. Dort sind auch die Enden der zahlreichen Dachstangen angebracht, deren Spitzen rundum in die geschnitzten Öffnungen des hölzernen Lichtrings gesteckt werden. Dieser ist aus mehreren Teilen zusammengesetzt, besitzt einen Durchmesser von etwa eineinhalb Metern und ruht auf zwei Ständern, die nahe der Mitte platziert sind. Von unten betrachtet sehen die Dachstangen wie die Strahlen einer Sonne aus. Sie tragen das ganze Gewicht der Dachhaut und sind so stabil, dass ich sogar auf das Dach steigen kann, ohne einzubrechen. Auch die Last des Schnees stellt für die Dachstangen kein Problem dar.

In einer Jurte braucht man nur wenige Möbel: ein Regal, eine Truhe, ein paar Körbe, ein Bett. So ist der Platz je nach Bedarf unterschiedlich nutzbar. Tisch und Stühle wurden aussortiert und durch Felle und eine Tischdecke auf dem Boden ersetzt, den ich aus Fichtenholz selbst gebaut habe. Er besteht aus zwei Lagen gehobelter Bretter, zwischen denen eine Isolierung die Kälte abhält. Das Ganze ruht auf Pfosten ungefähr einen halben Meter über der Erde, sodass wir es warm und trocken haben.

Wohl am intensivsten prägt jedoch der alles umhüllende Filz die Atmosphäre in der Jurte. Am schönsten finden wir den von uns selbst hergestellten. In weißen, schwarzen und braunen Schattierungen sorgt er für eine sehr lebendige Wandgestaltung, die Wohlbehagen verbreitet. Der Filz wärmt und gleicht die Luftfeuchtigkeit aus. Gespräche klingen in der Jurte anders als in Häusern, da der Filz den Schall schluckt und so eine ganz spezielle, weiche Akustik entsteht. Von außen dringen die Geräusche der Umgebung nur leicht abgeschwächt in die Jurte. Ihre Außenhaut aus Filz und Stoff gleicht einer Membran, die verletzlich ist, die atmet, die nicht trennt, sondern in Verbindung bringt. Der Regen wird hörbar als ein Klangteppich, der lauter und leiser wird, an- und abschwillt. Der Wind lässt alles erbeben und kann seine Macht und Kraft furchteinflößend spielen lassen oder auch nur sanft durch die Bäume ziehen, sodass wir das leise Rauschen vernehmen. Straßenlärm, Flugzeuge, die Sägen der Waldarbeiter – das ganze Klangspektrum der motorisierten Welt dringt je nach Windrichtung und Witterung mehr oder weniger laut an unser Ohr. Der gewohnte Schutz von schweren, unverrückbaren Steinmauern ist eingetauscht gegen Beweglichkeit, Durchlässigkeit, Verwundbarkeit.

Die Jurte weckt aber auch das Interesse der Tierwelt. Als wir einmal zwei Wochen lang nur den Filz ohne Plane als Außenhülle erprobten, kam gleich ein Eichhörnchen zu Besuch und rupfte sich Wolle aus der Seitenwand. Auch die Vögel konnten den Filz gut für den Nestbau gebrauchen. Immer wieder kamen sie, um Nachschub zu holen. Schließlich zogen wir die Außenhülle wieder auf. Insekten wie Motten, Flöhe oder Ähnliches bekommen wir entgegen meinen ersten Befürchtungen jedoch nie zu Gesicht. Und auch Mücken und Fliegen schwirren nicht in größerer Zahl umher als in anderen Häusern. Als wir jedoch einmal zwei Wochen unterwegs waren, stellten wir bei unserer Rückkehr fest, dass ein Wespenschwarm die Jurte ins Herz geschlossen hatte. In Scharen kamen die Wespen durch die Lichtkuppel, durch den Eingang, von überall. In einem tagelangen Kampf räucherte ich sie kräftig ein und erschlug eine große Zahl, aber der Strom riss nicht ab. Wer diesen tagelangen Kampf letztendlich gewonnen hätte, weiß man nicht, da wir zufällig zu diesem Zeitpunkt umzogen und die Jurte abbauten.

## Alltag im Jurtenleben

*Draußen ist es dunkel und kalt, ein leichter Regen pritschelt auf das Dach der Jurte. Nun ein Gang zur Toilette – kaum ein Moment ist wohl kritischer. An dieser Frage des Komforts scheiden sich die Geister.*

Wir leben zu dritt, bald zu viert in einem Raum. In den Tipis der Prärie-Indianer, den Jurten der Mongolen, den Iglus der Inuit: Rund um die Welt war und ist es auch heute noch bei vielen Völkern normal, dass eine Familie gemeinsam in einem Raum lebt, häufig sogar generationenumspannend von den Großeltern bis zum Enkelkind. Das wäre mir wahrscheinlich auch zu viel des Guten, aber so, wie wir zusammenleben, gefällt es mir sehr gut. Einen Rückzugsort gibt es innerhalb der Jurte natürlich nicht. Dort kann man nicht einfach die Türe hinter sich schließen, um einmal ganz für sich zu sein. Wer allein sein möchte, muss hinaus ins Freie gehen. Ob uns das gefallen würde, wussten Nadja und ich vorab natürlich auch nicht. Heute bin ich an diese Wohnsituation so gewöhnt, dass ich nicht mehr tauschen wollte, allein schon, weil ich es liebe, da zu sein, wenn Frida aufwacht.

Unser einziger Wohnraum dient gleichzeitig als Küche, Bad, Schlaf-, Ess- und Wohnzimmer. Dort erledigen wir alle alltäglichen Verrichtungen, vom Kochen über das Abspülen bis zum »Duschen«. Eine wichtige Rolle spielt bei fast allen Aufgaben unser Ofen. Rund fünf Ster Holz verspeist er im Jahr, die wir von Bauern kaufen. Die Scheite stapeln wir zu einer Beige auf. Alle paar Tage tragen wir einen Schwung in die Jurte, so viel wir eben gerade benötigen. Neben dem Holz muss man sich auch regelmäßig um das Wasser kümmern. Die rund fünf bis zehn Liter Trinkwasser, die wir täglich brauchen, tragen wir je nachdem, wo unsere Jurte steht, rund zwanzig bis hundert Meter vom nächsten Wasserhahn herbei. Ich empfinde es nicht als Last, alle zwei Tage daran zu denken, unsere Glasballons aufzufüllen und die Jurte wieder mit Wasser zu versorgen. Das Brauchwasser schenkte uns bislang beispielsweise

der kleine See, an dem die Jurte stand, ein Hofbrunnen oder eine Regentonne. In der Jurte steht in der Regel stets eine gefüllte Kanne auf dem Herd, damit man immer heißes Wasser zur Hand hat, um Tee oder ein Fläschchen zubereiten zu können. Das Schmutzwasser sammeln wir in einer emaillierten Antiquität, dem Stolz unserer Eimersammlung. Regelmäßig schütten wir es beherzt und mit gutem Gewissen in die Hecke, da wir nur naturverträgliche Stoffe verwenden. Da wir kein Waschbecken haben, wird im Zwei-Schüssel-System abgespült, mit heißem Wasser vom Ofen oder Wasserkocher. Für sehr fettiges Geschirr verwenden wir zusätzlich umweltverträgliches Spülmittel oder Buchenasche.

In vielen Bereichen kann man in der Jurte also autark leben, in anderen sind wir jedoch froh über die Infrastruktur der Bauernhöfe, auf deren Land die Jurte steht. Wir sind dankbar für Trinkwasser aus der Leitung, wenn keine Quelle in der Nähe ist, über eine Waschmaschine und vor allem über die wichtige Möglichkeit, Lebensmittel im Winter lagern zu können.

In den meisten anderen Bereichen des alltäglichen Lebens sind wir jedoch auf keine Hilfe angewiesen. In diesem Zusammenhang taucht oft die Frage nach der Toilette auf. Um es gleich zu gestehen: Wir haben keine. Mittlerweile haben wir in diesem Punkt fast alle möglichen Varianten ausprobiert: Mitbenutzung der Toilette im Bauernhaus, wandernde Erdlöcher im Wald mit und ohne Donnerbalken, wenige tiefe Löcher, viele flache Gruben … Um uns die problematische Entsorgung des Toilettenpapiers zu ersparen, verwenden wir natürlichen Ersatz wie Moos, Gras oder Blätter, der wunderbar funktioniert. Ganz nebenbei wurde mir dadurch wieder bewusst, warum man »ein Blatt« Toilettenpapier sagt! Die Verunreinigung des Erdreichs ist zu vernachlässigen, da die Hinterlassenschaften bereits nach wenigen Monaten fast ganz abgebaut sind. Darüber hinaus legt man das stille Örtchen nie in einem Trinkwasserquellgebiet oder an einem Wasserlauf an. In der Stadt oder in dicht besiedelten Gebieten ist dies natürlich keine langfristige Lösung, in unserem Fall jedoch schon.

Seit neuestem haben wir allerdings die Luxusausführung unter den alternativen Toiletten: ein Kompostklo. Damit haben wir uns einen lange gehegten Wunsch erfüllt. Eine Komposttoilette ist weitaus genialer konstruiert als ein übliches »Plumpsklo«, weil sie so durchlüftet wird, dass sie ganz geruchsfrei funktioniert. Darüber hinaus bietet sie den Vorteil, dass der eigene »Mist« nicht mit Trinkwasser (!) weggespült und zu Klärschlamm wird, sondern in Form von wertvollem Kompost erhalten bleibt. Der Künstler Friedensreich

Hundertwasser war vom Kompostklo begeistert und hat viel darüber geschrieben.
Fast ebenso schwer vorstellbar wie die Toilettensituation ist für viele wohl auch, wie man sich in einer Jurte duschen soll. Und tatsächlich duschen wir nicht, sondern frönen einer hierzulande fast vergessenen Art der Körperreinigung. Sie ist für mich eine der sinnlichsten Praktiken, die mir das Leben in der Jurte eröffnet hat. Ich breite ein Handtuch aus, stelle darauf eine mit heißem Wasser gefüllte Schüssel und wasche mich in der Nähe des Ofens mit einem Waschlappen. So ist mir auch im Winter wohlig warm, und das Abreiben der Haut mit dem Lappen belebt mich zusätzlich. Duschgels haben wir keine, wir benutzen Naturseifen in unterschiedlicher Ausführung. Ein Freund von mir verkauft sie auf Künstlermärkten in feinsten Ausführungen und in allen möglichen Düften von Thymian über Wacholder bis zu »Arabische Nächte«. Um die Haare zu waschen, gießen wir uns gegenseitig warmes Wasser über den Kopf, den wir über eine Schüssel halten. Im Sommer hüpfen wir auch oft einfach in den Weiher gleich in der Nähe der Jurte.
Bei schönem Wetter entzünde ich ein Feuer vor der Jurte, auf dem wir oft kochen und seit Neuestem auch backen. Nichts riecht so gut wie ein frisches Brot, das gerade auf dem Feuer backt.
Man muss einfach nur den Brotteig in ein Handtuch einwickeln und auf Hölzchen so in einen größeren Topf legen, dass zwischen Teig und Topfboden ein kleiner Abstand besteht. Dann gibt man etwas Wasser dazu – gerade so viel, dass es den Teig nicht berührt. Schwierig ist nur, die Glut konstant zu halten. Mit kleinen Holzstückchen gelingt dies jedoch ganz gut. Das fertig gebackene Brot kann man aus dem Topf nehmen und noch eine kurze Zeit direkt über der Glut erhitzen, so dass es eine schöne Kruste bekommt.
Ansonsten kochen wir auf dem Ofen und gegebenenfalls auch auf einer Elektroplatte. Ja, wir haben auch Strom in der Jurte. Über ein langes Erdkabel sind wir mit dem Stromnetz verbunden, damit uns Elektrizität für Licht und Kochplatte, für das Handy und den Computer zur Verfügung steht.
In puncto Waschmaschine haben wir noch keine bessere Lösung gefunden, als die im Hofgebäude vorhandene zu benutzen.
Mein persönlicher Wäscheberg hat sich aber durch die Umstellung auf traditionelle Kleidung drastisch verkleinert. Schafwolljanker und -hemden, Lederhose im Sommer, Lodenhose im Winter. Modisch ein starker Kontrast zu meinem früheren Skater-Look und sicher nicht jedermanns Sache, aber ich habe die Schlichtheit und Funktionalität der Wolle sehr zu schätzen gelernt.

Dass wir keinen Kühlschrank haben, merken wir selbst schon gar nicht mehr. Weil unser Acker uns mit frischem Gemüse versorgt, müssen wir nur wenige Lebensmittel länger kühlen. Im Winter ist das Thema sowieso hinfällig, und von Frühling bis Herbst ernten wir einfach, was die Erde hergibt: auf dem Acker die Kulturpflanzen und auf der Wiese und am Waldrand auch immer mehr die Wildpflanzen. Sie bilden einen eigenen Kosmos, den zu ergründen sich reichlich lohnt.
Holzhacken, Wasserschleppen, Feuermachen und all die anderen Alltagstätigkeiten in der Jurte habe ich nie als Last empfunden, sondern eher als eine »Erdung«, die mir auf stete sanfte Weise eine gute Kondition und Stärke schenkt. Natürlich brauchen all diese Arbeiten ihre Zeit, die wiederum in der Werkstatt fehlt, aber andererseits sparen wir uns die Miete. Haben wir früher mehr gearbeitet, um das Geld für den Vermieter zu erwirtschaften, tragen wir heute die Früchte vom Acker heim oder erledigen, was eben gerade ansteht. Diese Gewichtung finde ich abwechslungsreicher und sie verleiht mir ein schönes Gefühl von Ausgewogenheit.



# Winter in der Jurte

*Es ist Januar, und die Temperaturen sind seit zehn Tagen sehr niedrig, nachts fallen sie zum Teil unter minus zwanzig Grad Celsius. Wir schüren den Ofen, der eine wunderbare Wärme erzeugt. Nachts kühlt die Jurte aus, obwohl wir einmal nachschüren. Klassiker wie die Schlafmütze und der Nachttopf erleben durch uns ein Revival und sind wieder wichtiger Bestandteil unseres Nachtlebens. Ein alter Bauer erzählt mir, dass sich in ihrem Schlafzimmer früher oft Raureif auf der Bettdecke bildete, weil immer nur die Küche geheizt wurde. So weit kam es bis jetzt bei uns zum Glück noch nicht!*

Dass man den Frühling, Sommer und vielleicht auch den Herbst in der Jurte verbringen kann, ist für die meisten Leute noch vorstellbar. Aber den Winter? Ist das nicht eisig kalt und ungemütlich? Tatsächlich unterscheidet sich der Winter spürbar von den anderen Jahreszeiten, und ich kann nicht abstreiten, dass ich mich immer sehr auf den Frühling freue. Mit der Jurte hat dies aber wenig zu tun. Ich finde sie wintertauglicher als alle Wohnungen, in denen ich bis jetzt gelebt habe. Sie hält schön warm, und nur im Extremfall müssen wir nachts nachschüren.

Solange die Temperaturen nicht unter minus zehn Grad Celsius fallen, erleben wir keinen Komfortverlust. Überwindung erfordern einzig die zehn Minuten am frühen Morgen, die das gleich nach dem Aufstehen entzündete Feuer braucht, bis es die Jurte langsam erwärmt. Ich denke dann einfach an Völker wie die sibirischen Tschuktschen oder die Inuit, die wirkliche Kälte ertragen müssen, und finde jeden leise quengelnden Gedanken lächerlich.
Das Gute an der Jurte ist, dass sie sehr schnell warm wird, weil ich gegen keine Steinmauern anheizen muss, die die Kälte der Nacht speichern. Andererseits kühlt sie auch schneller wieder aus, weil sie eben kaum Speichermasse besitzt. Also muss je nach Wärmebedarf beständig geschürt werden. Ich merke jedenfalls, dass der Winter mir nicht so auf das Gemüt schlägt, wenn ich der Natur nahe bin. Ich lerne seine Kühle und Klarheit und die große Schönheit seiner schneebedeckten Flächen zu schätzen. Der im Sommer oft so matschige Boden ist nun hart und gut begehbar, darüber hinaus gibt es keine lästigen Mücken und Fliegen. Und man kann immer an den Spuren im Schnee sehen, wer nachts alles zu Besuch war. Regelrechte Krimis spielen sich auf dem alles bedeckenden Weiß ab.

Der erste Winter ist kalt. Im Februar sinken die Temperaturen auf minus 25 Grad Celsius.

Sonnenstrahlen und Akkordeonklänge erfüllen die Jurte mit Licht und Wärme.

Das Wasser für die Katzenwäsche kommt aus dem nahen Weiher.

# Wintersonne

Der Februar ist eisig, meist fällt das Thermometer auf minus zehn bis zwanzig Grad Celsius. Wir leben in der Jurte.
Sie steht auf ihrem isolierten Holzpodest über der gefrorenen Erde.
Vom Dach hängen die Eiszapfen herunter, doch innen ist es warm und gemütlich.
Ohne den Holzofen geht nichts, er ist mehr denn je das Herzstück der Jurte.
So wenig Holz er sonst bekommt, so viel verschluckt er jetzt, um gegen die Kälte anzufeuern.
Die Raben krächzen, der Schnee dämpft den Lärm der Welt.
Die Erde liegt zurückgezogen unter der Schneedecke und ruht sich für den Frühling aus.
Währenddessen reift und wächst ein Menschlein in mir. Es wartet nicht darauf, dass die warme Maisonne es weckt. Es trifft seine letzten Vorbereitungen, um der mattgelben Wintersonne bald zum ersten Mal ins Gesicht zu schauen.

Nadja

Nadja schnitzt, und David fertigt Pfeile für seine Bogen.

Nadja ist in Gedanken beim Dreisein.

# Frida
## im Jahr der Jurte

# Rüben, Kraut und Bohnenstangen

»Wer vergisst, wie man die Erde beackert und das Feld bestellt, vergisst sich selbst.« (Mahatma Ghandi)

*Der Schweiß läuft mir von der Stirn. ich haste, mit beiden Händen den Pflug haltend, hinter der mächtigen Kaltblutstute her, die vor mir am Halfter über den Acker geführt wird. Sie gibt ein straffes Tempo vor, und Reihe um Reihe verwandelt sich das Grünland in dunkle Ackererde. Ich habe Mühe, hinterher zu kommen. Meine Füße stolpern zwischen der Furche, der vom Pflug umgeworfenen Erde und der Wiese – bloß immer gut die Richtung halten! Von Zeit zu Zeit wird angehalten und der Pflug mit einem Stecken von festgeklebter Erde befreit. Nach einer knappen Stunde sind fast 500 Quadratmeter umgepflügt. Ich bin erstaunt, wie schnell dies ging, und glücklich darüber, dass uns nun genügend Ackerland für unsere Kartoffeln zur Verfügung steht.*

Das Leben in der Jurte ist für mich untrennbar mit dem Gärtnern verbunden. Gemüse aus eigenem Anbau bedeutet für mich ein großes Stück Lebensqualität. Ich kenne alle Kohlköpfe beim Namen und weiß, dass auf dem Land, auf dem sie gewachsen sind, kein Gift zum Einsatz kam. Eigenanbau bedeutet für mich zudem wichtige Unabhängigkeit in einer Zeit, in der die allermeisten Menschen auf das Angebot in den Supermärkten angewiesen sind. Darüber hinaus tut es einfach gut, die Lebendigkeit eines liebevoll selbst bepflanzten Gartens zu spüren.

Ich war so überrascht, als ich eines Tages vom Auto aus inmitten der gewohnten Agrarwüste ein farbenfroh leuchtendes Äckerchen erblickte. Neugierig hielt ich sofort an, um nachzusehen, was es damit auf sich hat. Eine Tafel informierte dort über das Projekt der »Sonnenäcker«. Dazu pachten mehrere Personen bei einem Bauern ein zusammenhängendes Stück Land, auf dem sie ihr eigenes Gemüse anbauen. Mittlerweile kenne ich immer mehr solcher Sonnenäcker, die mich auch deshalb sehr freuen, weil sie vielen Tieren ein kleines, überlebensnotwendiges Rückzugsgebiet bieten. Denn durch den massiven Einsatz von Ackergiften in der alles beherrschenden industriellen Landwirtschaft ist die Lebensgrundlage so vieler Tier- und Pflanzenarten derart verseucht, dass wir nur noch zwischen monotonen, leblosen Agrarwüsten unser Dasein fristen werden, wenn sich nichts ändert.

Nadja verbrachte einmal zwei Monate auf einem Selbstversorgerhof am Rand der Pyrenäen und war durch diese Erfahrung sehr inspiriert. Als wir aber noch in Oberammergau wohnten, wo sich keine große Wiese zum Gärtnern finden ließ, fingen wir mit dem an, was sich ergab. Ein Freund stellte uns ein Stück Garten zur Verfügung, das nicht mehr als fünfzig Quadratmeter maß. Voller Elan begannen wir mit der Arbeit, stachen alles von Hand um, legten ein Hügelbeet an und sammelten unsere ersten Erfahrungen. Seitdem haben wir uns über die Jahre gesteigert. Jetzt sind wir bei einem rund 500 Quadratmeter großen Acker angelangt, den wir mit dem Pferd eines Freundes bearbeiten, was eine große Erleichterung darstellt. Die frisch umgepflügte Hälfte wird der Kartoffelacker. Die andere Hälfte wurde bereits im Vorjahr bestellt, sodass die Erde für zartere Pflänzchen bereit ist. Trotzdem müssen wir nochmals mit der Hacke alles bearbeiten, bis das Gras und alle größeren Wurzelgeflechte entfernt sind, je feiner, desto besser. Wir unterteilen die Fläche in Wege und Beete von einer Breite, die zum Ernten angenehm ist.

Ende Februar säen wir die ersten Zwiebeln und Gelbe Rüben sowie Radieschen, Salate, Rote Bete, Spinat und Erbsen. Im April werden Mangold, Kraut und Kohlpflanzen folgen. Die Arten, die es nicht gern kalt mögen, kommen erst im Mai in den Boden, wie Kartoffeln, Kürbisse, Mais, Feuerbohnen, Zucchini und Gurken. Alles wird je nach Sorte im Beet dichter oder weiter auseinander gepflanzt. Die Bohnen dürfen an einem mannshohen Gestänge emporranken und haben damit genug Platz zum Wachsen.

Die Kartoffel ist neben Topinambur eine der dankbarsten Pflanzen. Sie fordert nur relativ wenig Arbeitsaufwand für einen meist sehr hohen Ertrag und ist darüber hinaus sehr gut lagerfähig. Die Knollen werden in etwa 30 Zentimetern Abstand hintereinander gesetzt, in langen, einen halben Meter breiten Reihen, die sich über den ganzen Acker ziehen. So kann man später noch gut mit dem Häufelpflug durchpflügen und wieder etwas Erde auf herausspitzende Knollen häufeln, damit diese nicht grün und somit ungenießbar werden.

Wir sind fast jeden Tag auf dem Acker, es ist aber auch kein Problem, wenn wir ihn ein paar Tage sich selbst überlassen. Rund um unser Landstück halten Pferde in einer Koppel das Gras sehr kurz und damit die Schneckenzuwanderung gering. Außerdem gibt es dank der Weiher viele Kröten, die ebenfalls die Schnecken stark eindämmen.

Kaum hat die Erntezeit begonnen, wird man der vielen reifen Feldfrüchte auf einmal gar nicht mehr Herr. Nun heißt es so viel ernten und einmachen, wie es nur möglich ist. Wie im Märchen scheinen die prächtigen Kürbisse, die dicken Maiskolben und die prall gefüllten

Bohnenschoten »Pflück mich! Pflück mich!« zu rufen, und unter dem verdorrten Kartoffelkraut warten schon die reifen Kartoffeln.
Da wir deren Ernte allein gar nicht schaffen, laden wir Freunde ein, die mit uns zusammen nach den Knollen in der Erde wühlen. Zum Schluss kann jeder eine schöne Ladung mit nach Hause nehmen.
Als Lagerraum nutzen wir einen leer stehenden Keller, dort horten wir auch Gelbe Rüben und Pastinaken. Für die vielen Roten Beten kennt Nadja ein wunderbares Rezept, um sie zu süßsauren Chutneys einzukochen. Danach muss das Kraut gehobelt und zu Sauerkraut verarbeitet zu werden. Die Zwiebeln flechten wir zu dicken Zöpfen und hängen sie auf, weil sie sich so sehr gut halten.
Und schließlich spannen wir noch einmal die Kaltblutstute ein und verwandeln das abgeerntete Land erneut in einen Acker, sodass über den Winter das Gras abstirbt und im Frühjahr die Erde wieder feiner werden kann. Der wieder umgegrabene Acker sieht genauso aus wie im Frühling, was mich sehr berührt, weil es mir den Kreislauf des Jahres bewusst macht. Ich merke, wie froh ich über unsere verschiedenen Jahreszeiten bin, jede mit ihrer eigenen, wichtigen Qualität. So habe ich in der Jurte sogar den oft verteufelten Winter lieben gelernt. Wenn draußen alles unter dem Schnee begraben ist, ist es ein wunderbares Gefühl, die guten Früchte des Ackers zu essen. Sie erinnern uns an die Schönheit des Sommers, auch wenn es dunkel und kalt ist.

# Frida

Kurz nachdem wir in die Jurte gezogen sind, wird Nadja schwanger. Wir erwarten die Geburt etwa zwischen Ende Februar bis Anfang März, Nadja wird also im Winter hochschwanger sein.
Glücklicherweise kennen wir eine erfahrene Hebamme, die eine Hausgeburt begleiten kann – mittlerweile fast eine Seltenheit, denn die wirtschaftliche Situation der Hebammen wird unter anderem durch ihre extrem hohen Beiträge zur Berufshaftpflichtversicherung immer schwieriger. Es scheint nicht erwünscht zu sein, dass Kinder außerhalb von Krankenhäusern auf die Welt kommen. »Unsere« Hebamme rät Nadja hingegen, dort zu gebären, wo sie sich am wohlsten fühlt. Das ist aber nun einmal die Jurte, die von der Hebamme nach Augenschein für geburtstauglich erklärt wird. Damit ist die Entscheidung gefallen: Es wird eine Jurtengeburt! In unserem Umfeld können dies viele nicht nachvollziehen, aber wir sind uns sicher – weil unsere Hebamme uns auf wunderbare Weise begleitet. Sie weiß auf alles eine Antwort und kennt immer den Zustand und die Lage des Babys. All dies stimmt uns immer zuversichtlicher.
Als schließlich der Tag der Geburt gekommen ist, hilft unsere gute Freundin Susanne Nadja und der Hebamme. Ich koche Wasser und spiele Musik, wenn es gerade passt. Und alle sind wir überglücklich, als Frida endlich da ist!

Kurz darauf kommt auch schon der Frühling, und eine wunderbare Zeit beginnt. Frida ist immer auf dem Acker dabei, und wir tragen sie häufig durch den Wald. Da wir uns immer alle gemeinsam in einem Raum aufhalten, gewöhnt sie sich an Musik, an Gäste und an unseren Kater Mikesch, den sie nach Belieben kratzen und bearbeiten darf; er lässt es geduldig über sich ergehen. Ihre Windeln, die an einer Leine vor der Jurte trocknen, erinnern mich an tibetische Gebetsfähnchen.

# Begegnungen

*Als ich nachmittags heimkomme, ist Silja in der Jurte zu Besuch. Sie ist die neunjährige Tochter von Susanne und Stefan, die unten bei der Mühle ihre Wohnung haben. Seit einiger Zeit verbindet uns mit beiden eine enge Freundschaft. Silja kennt Frida, seit diese auf der Welt ist. Sie hat spezielle Techniken entwickelt, mit denen sie das Baby als Einzige außer uns beruhigen und beschäftigen kann. Frida liebt es beispielsweise, wenn Silja laut »Laurentia, liebe Laurentia mein« singt und mit ihr auf dem Arm dazu rhythmisch Kniebeugen ausführt.*

*Heute ist Silja verkleidet und spricht mit starkem italienischem Akzent. Die Erklärung für diese Maskerade gibt ein schön gemaltes Schild an der Jurtentür, dessen Aufschrift »Da Jurda« lautet. Alles ist schön mit Girlanden und Gänseblümchen dekoriert, und Stefan und Susanne sind auch eingeladen. Auf unserem Tisch steht die Speisekarte für das frühabendliche Festmahl aus selbst gesammelten Brombeeren, Gemüse vom Acker und vielen anderen Leckereien. Unter all den Köstlichkeiten biegt sich der kleine mongolische Tisch bedenklich durch. Lange sitzen wir zusammen und genießen das Ambiente. Danach wollen wir im »Da Jurda« bald wieder einen Tisch reservieren, und eine Tradition, die noch lange bestehen wird, ist geboren.*

Wir haben keinen Fernseher, nur einen winzigen Laptop. Auf ihm können wir DVDs anschauen, was allerdings eine echte Beleidigung für Auge und Ohr darstellt, weshalb das kaum vorkommt. Der Internetzugang funktioniert nicht immer, und unser Handy ist vorsintflutlich. Der CD-Player ist auch nicht gerade häufig in Benutzung. Wer an moderne multimediale Unterhaltung gewöhnt ist, würde sich in unserer Jurte wahrscheinlich zunächst ziemlich langweilen.

Ich selbst habe eine ansehnliche Computerkarriere mit Kriegsstrategie- und Ballerspielen hinter mir, wie es eben üblich war in meinem Umfeld. Beendet habe ich dieses Kapitel eigentlich erst, als ich mein Akkordeon wiederentdeckte. Ich hatte als Kind Unterricht, um dann als Jugendlicher wieder damit aufzuhören. Viel zu uncool. Nachdem ich jedoch den Film »Die fabelhafte Welt der Amélie« gesehen hatte, der zum großen Teil von Akkordeonmusik begleitet wird, erinnerte ich mich an meine alte Quetsche. Ich begann die Lieder des Films nachzuspielen und wieder zu üben, und auf einmal war es völlig uninteressant, vor dem Computer zu sitzen. Als ich schließlich eine Sängerin traf, die einen musikalischen Begleiter suchte, war ich von der Musik wieder vollkommen begeistert. Die Sängerin lebte in einem schönen Zirkuswagen – vielleicht war dies der entscheidende Anstoß für mich, über alternative Wohnformen nachzudenken. Damals zogen wir durch die Lande und spielten Musik auf der Straße, auf Hochzeiten und Bühnen. Schließlich, wie als Höhepunkt unserer im Nachhinein fast unwirklich scheinenden Zeit, fuhren wir zum Fest der Sinti und Roma nach Saintes-Maries-de-la-Mer in Frankreich. Nirgends habe ich seither wieder Menschen erlebt, die so eng mit ihrer Musik verbunden sind wie jene, die dort musizierten, sangen und tanzten.

Von unseren Erlebnissen in dem kleinen Städtchen in der Camargue waren wir beide tief bewegt. Zwar trennten sich unsere Wege bald darauf, die Lieder und das Akkordeon sind mir jedoch geblieben. Noch heute nehme ich mein Instrument überall mit hin, sogar auf die Zugspitze bin ich schon mit der geschulterten Quetsche gewandert. In der Jurte ertönt mein »Faltenradio« jeden Abend, glücklicherweise ist Nadja davon nicht schon völlig entnervt. Frida tanzt immer sehr lustig zu meiner Musik und ruft begeistert »Bawwoo!«. Ich kann mich nicht daran erinnern, den Fernseher jemals vermisst zu haben. Auch ist es mir viel lieber, die Zeit mit Nadja zu genießen, mit Frida Bücher anzuschauen, einen nächtlichen Ausflug in den Wald zu unternehmen oder eben Besuch zu haben und es sich bei einem Festschmaus gut gehen zu lassen.

## Die Jurte aufbauen

*Es ist mitten in der Nacht, wir drei schlafen friedlich, als es plötzlich heftig an der Tür rumpelt. Ich sitze mit einem Schlag senkrecht im Bett. Es donnert gegen die Tür, wie wenn jemand völlig übertrieben anklopft. Um diese Uhrzeit? »Wer ist da?«, frage ich den Störenfried wütend. Die Antwort ist ein Schnauben und erneutes Hämmern an der Jurtentür. Überhaupt sind mit einem Mal laute, mysteriöse Geräusche rund um die Jurte zu vernehmen. Mit einer Mischung aus Wut und Neugier öffne ich die Tür und blicke hinaus in die mondhelle Nacht. Als ich sehe, wer unser nächtlicher Besuch ist, muss ich lachen.*

*Die Kuhherde vom Nachbarhof zieht unter lautem Schnauben und Schmatzen an der Jurte vorbei. Und eine der Kühe wollte wohl wissen, wer in der Jurte wohnt … Ich erinnere mich daran, wie ich einmal ein Jahr lang auf einem Bauernhof gearbeitet und täglich die Kühe zur Weide und wieder heim getrieben habe. Ich nehme diese Einladung zu einem Aufleben der schönen Bauernhofzeit gerne an und schlendere unter klarem Sternenhimmel und mit meinem Wanderstecken bewaffnet den Damen nach, um sie vor der nächsten Wiese wieder in Richtung ihres Heimathofs zu lenken.*

Die »fliegende Jurte« trägt ihren Namen nicht umsonst: In unserem bisher drei Jahre langen Leben in der Jurte sind wir häufig, aus verschiedenen Gründen und nicht immer freiwillig umgezogen. Einmal fanden wir überhaupt keinen neuen Platz für unser Feuerzelt, sodass wir es bis auf Weiteres an Freunde verliehen. Bei vier Platz-

wechseln in drei Jahren können wir tatsächlich mit den Nomaden mitfühlen, die immer in Bewegung sind.
Da wir die Jurte bei jedem Umzug komplett mitnehmen, finden wir mit unserer Behausung an jedem neuen Ort immer schon ein Stück Vertrautheit und Heimat vor. Alle Holzteile, wie Scherengitter, Tür und die Dachstangen, passen in meinen VW-Bus, der Holzboden auf einen Anhänger, und für die Einrichtung müssen wir noch einmal extra fahren. So ist jeder Umzug recht überschaubar. Trotzdem war ich immer froh um die Hilfe meiner Freunde, ohne die es nicht möglich gewesen wäre, so oft auf- und abzubauen. Überhaupt ist es gut, beim Aufbau einer Jurte viele Helfer zu haben, wenn auch nicht zu viele, sonst denkt keiner mehr ans Arbeiten ... Als wir die Jurte das erste Mal aufbauen wollten, wäre ich fast verzweifelt. Es war ein Ostersonntag und das Wetter sehr launisch. Gewitterwolken zogen drohend am Himmel auf und ich war mir sicher, dass es jeden Moment zu regnen anfangen und meine Bodenisolierung damit verloren sein wird. Die Aufgabe, die wir uns gestellt hatten, schien unlösbar. Bis dahin hatte ich nur einmal eine sehr kleine Jurte mit ungefähr drei Metern Durchmesser aufgestellt – nicht zu vergleichen mit der Sechsmeterkonstruktion, die wir jetzt aufbauen wollten. Das Hauptproblem waren die Dachstangen. Sobald wir eine auf einer Seite in den Lichtkranz steckten, fielen auf der anderen Seite zwei schon befestigte Stangen wieder heraus. Es gab etliche Beulen an den Köpfen, und wir überlegten schon, ob wir uns Bauhelme holen sollten. Jeder Mongole hätte sich bei diesem Anblick wahrscheinlich schiefgelacht.
Zuerst muss natürlich die Unterkonstruktion stehen, eine runde Plattform mit dem Durchmesser der Jurte. Darauf wird die Tür in die gewünschte Richtung ausgerichtet. Während diese von einem Helfer festgehalten wird, bauen die anderen das umlaufende Scherengitter am Rand der Plattform. Das Gitter wird mit den Verbindungsstellen verschnürt und zudem mit der Tür verbunden. Anschließend zurrt man ein Seil am oberen Rand des Scherengitters einmal rund um die Jurte, sodass das Gitter nicht nach außen wegkippen kann. Nun wird in der Mitte der Dachkranz auf den beiden Ständern installiert, die am besten von zwei Personen gehalten werden. Vier Dachstangen, an jeder Seite eine, werden nun am Scherengitter festgebunden und oben in den Kranz gesteckt. Sie mitteln den Dachkranz aus. Von einem Punkt aus kann man jetzt Stange um Stange festbinden und der Reihe nach in die Löcher des Kranzes stecken. Sobald sie befestigt sind, um-

wickle ich jede Stange an der Spitze mit einem Seil, damit sie nicht mehr herausfallen kann. Wenn der Kreis der Dachstangen gesteckt ist, ist das Schwierigste geschafft.

Als Nächstes ist der Filz an der Reihe. Es hat sich bewährt, die Dachfilze zu ordentlichen Rollen aufzuwickeln, an der oberen Seite ein Seil daran zu binden und sie vom Mittelkranz aus auf das Dach heraufzuziehen, bis sie ganz auf den Dachlatten liegen. Nun kann man sie bequem und sorgfältig ausrollen, bis sie alles bedecken. Die Seitenfilze hängen wir mit Seilen an den Scherengittern ein. Zum Schluss wird auch die Dachkuppel an einem Seil vom Lichtkranz aus über das Dach hinaufgezogen, bis sie an ihrem Platz liegt. Zuletzt werden starke Seile über die Jurte geworfen und im Boden verankert, damit die Konstruktion auch bei Sturm sicher steht.

Wo man die Jurte genau aufstellt, sollte man sich gut überlegen. Bei landwirtschaftlich genutzten Flächen gilt es zu beachten, dass die Bauern je nach Nutzungsart Prämien für das Land erhalten. Die Fläche, auf die man die Jurte aufstellt, muss der Landwirt aus dem Förderprogramm herausnehmen. Ansonsten bekommt er Ärger mit der Behörde, auch bei der winzigen Grundfläche von dreißig Quadratmetern, die eine Sechsmeterjurte besitzt.

Darüber hinaus spielen selbstverständlich die natürlichen Standortbedingungen eine entscheidende Rolle. Bis jetzt haben wir unsere Jurte auf einer offenen Kuhweide, teilweise geschützt am Waldrand, umgeben von Bäumen und relativ frei zwischen zwei Bäumen und einer Hecke aufgestellt. Jeder dieser Standorte bot Vor- und Nachteile. Besonders geeignet ist der Platz auf der offenen Wiese. Wie in ihrer mongolischen Heimat ist die Jurte dort Sonne und Wind ausgesetzt und kann deshalb immer gut trocknen. Windige Standorte bieten zudem den Vorteil, dass sich Insekten dort nicht gerne aufhalten und man deshalb von Mücken und Co. verschont bleibt. Dies wurde mir erst richtig bewusst durch den Umzug an den Waldrand, wo ich mich auf mehr Schutz freute. Beim ersten Sturm begannen die Fichten allerdings so beunruhigend zu wanken, dass ich mich wieder auf die offene Wiese zurückwünschte, denn selbst ein klug konstruiertes Jurtendach kann keine Fichte tragen. Tatsächlich aber mussten wir bald darauf noch tiefer in den Wald ziehen, weil sich ein Jäger über die Jurte beschwert hatte. Als Kompromiss zogen wir auf eine kleine Lichtung in einem relativ lichten Waldstück. Der Sommer begann gerade, sodass der Halbschatten einen angenehmen Vorteil bot. Der neue Platz war lauschig, weniger einsehbar, und wir konnten dort mehr für uns sein. Für die Jurte war der Standort jedoch weitaus weniger ideal. Fast ohne Wind und mit wenig Sonneneinfall, trockneten dort die Filzwände nur langsam und die Jurte blieb feuchter. Hier bekamen wir zum ersten Mal Mäusebesuch, dem erst unser Kater Einhalt gebieten konnte. Auch den Mücken gefiel es besser. Somit war bald klar, dass dies kein langfristiger Stellplatz sein würde.

Auf der offenen Wiese ist eine Jurte aber nicht nur dem sanften Wind, sondern auch heftigen Stürmen ausgesetzt. Solche Naturgewalten in diesem Zelt-Haus ohne massive Steinmauern zu erleben, erfordert Vertrauen und gute Nerven. Sobald ein Sturm aufkommt, bin ich in höchster Alarmbereitschaft. Meistens fange ich in solchen Momenten panikartig an, Verbesserungen an der Konstruktion vorzunehmen, die ich eigentlich schon seit Wochen erledigen wollte. Schnell werfe ich noch einige Seile über die Jurte, befestige die Mittelstützen am Boden, dichte den Dachkranz besser ab. Da wir häufig etwas Neues ausprobieren, beispielsweise eine andere Dachkranzkonstruktion oder Außenhülle, ergeben sich auch immer wieder Überraschungen, wie sich solche Innovationen im Wetter-Ernstfall verhalten.

Neben den Witterungsbedingungen gibt es noch einige andere wichtige Voraussetzungen für einen guten Stellplatz. Zugang zu Trinkwasser gilt es auf jeden Fall zu beachten, weitere Kriterien sind beispielsweise ein Stromanschluss oder ein naher Stellplatz für das Auto. Wer kein eigenes Land besitzt, ist bei der Wahl des Standorts maßgeblich von seiner guten Beziehung zum Landbesitzer abhängig. Kein natürlicher Faktor ist so unberechenbar wie die zwischenmenschliche Dynamik. Hat man jemand gefunden, der ein Stück seines Landes zur Jurtenbesiedelung freigibt, rate ich zu ganz klaren Abmachungen, die im Voraus getroffen werden. Denn es ist einfach so, dass jeder Mensch eine andere Geschichte und darum auch andere Vorstellungen von einem ausgeglichenen Geben und Nehmen hat.

Knödel – und die wunderbare Tradition des »Da Jurda« nimmt ihren Anfang.

Nadja und Silja sind voller Erwartung.

David baut noch eine »kindergerechte« Treppe vor die Jurte.

# Frühlingserwachen

Mit den Märzenbechern, den Schneeglöckchen und den Krokussen
erblickt Frida das Licht der Welt.
Aus dem runden Bauch zieht sie in die runde Jurte.
Wir ahnen und erfahren die grenzenlose Liebe von Eltern zu Kind
... und wie schwer Augenlider werden können.

Erste Spaziergänge durch warme sonnige Frühjahrstage.
Acker pflügen, Beete anlegen, die Saat in die Erde bringen.
Ringsum ist ein Sprießen und Wachsen,
Frida wächst mit, und wir werden zu einer Familie.

Nadja

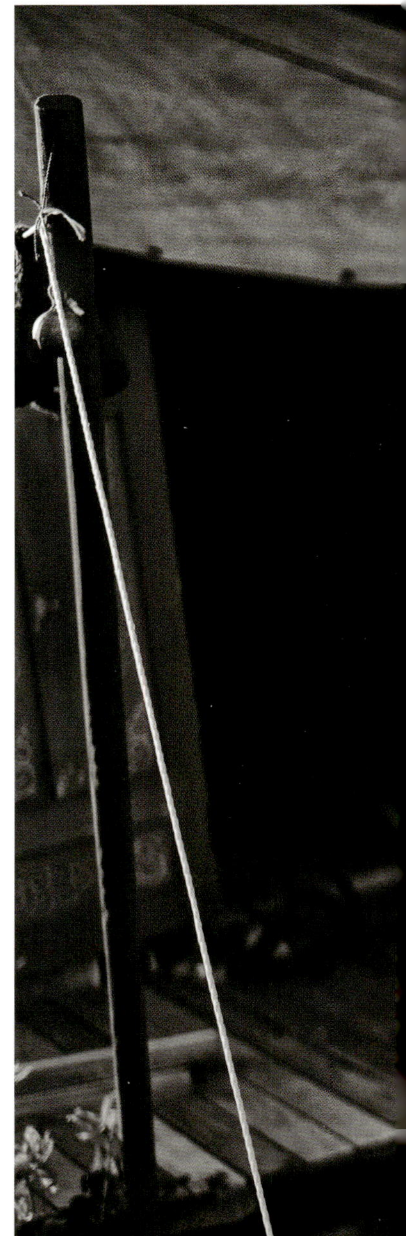

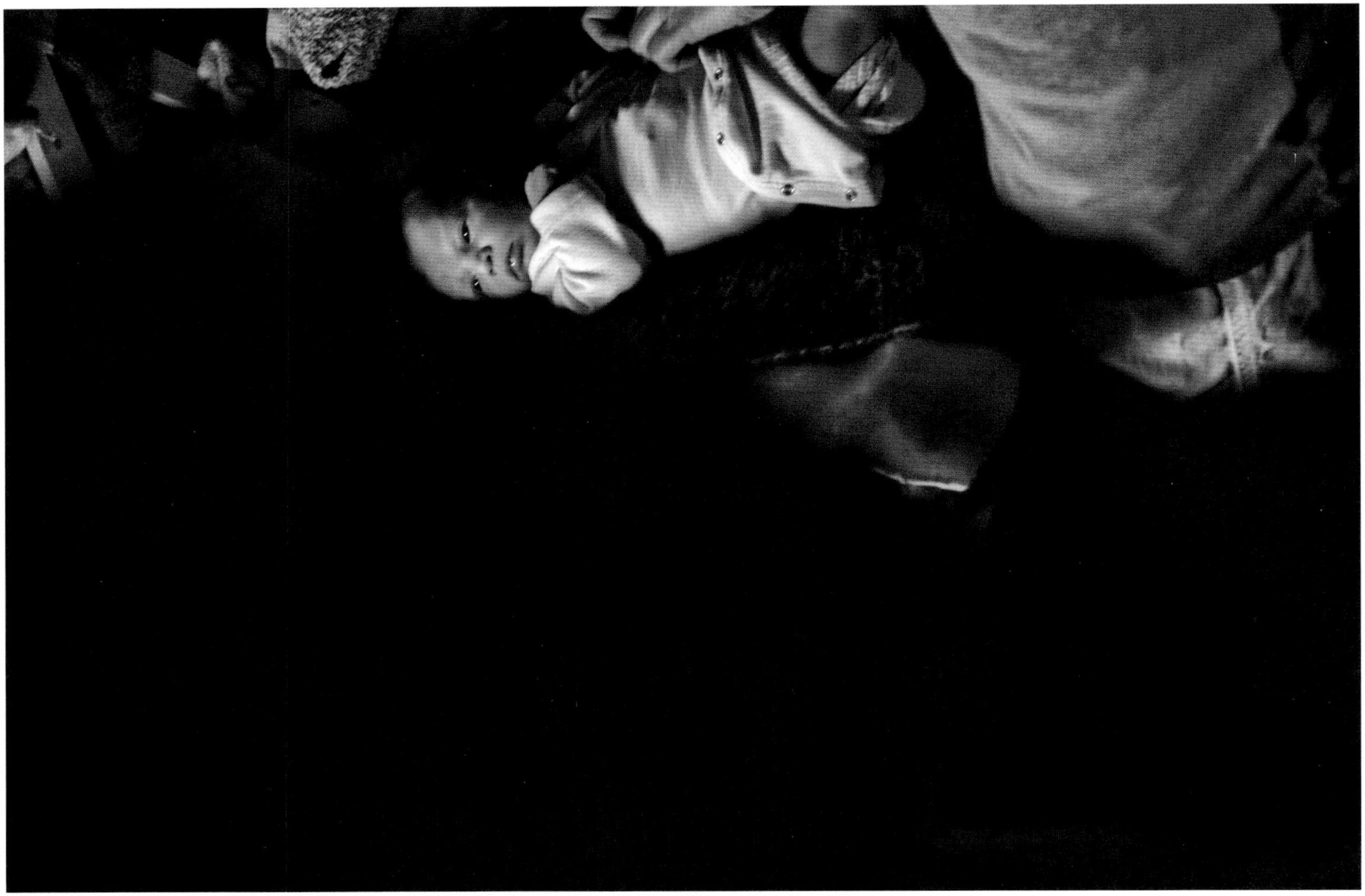

3. März, 19:00 Uhr, 3,5 Kilogramm Glück

Frida – geboren in einem Rund aus Filz

Jurten-Pampers

Das Dreisein beginnt.

Erntezeit – die Idee von der Selbstversorgung wird Wirklichkeit.

# Mein Barfußpfad

Schon als ich klein war habe ich, typisch Mädel, die Nähe zu Pferden gesucht. Die meiste Zeit meiner Kindheit und Jugend war ich draußen bei den Vierbeinern unterwegs. Mir war nie bewusst, dass das Draußen dabei genauso wichtig war wie die Pferde.
In der Schule und später in der kleinen Universitätsstadt beim Studium hat mir immer etwas gefehlt, bis ich von einer Liste von Bauernhöfen erfahren habe, auf denen freiwillige Helfer willkommen sind. Zuerst verschlug es mich auf einen Hof im hessischen Nirgendwo. Dort bestand meine erste Amtshandlung darin, Brennnesseln für die Abendsuppe zu sammeln.
Bewaffnet mit Gummihandschuh und Küchenschere saß ich im Hausgarten im Sonnenuntergang in den Nesseln und spürte, dass gerade eine Tür aufging.
Aber nur einen Spalt breit. Der Hof hatte Urlaubsgäste, und dies war mein letzter Ausgang. In den folgenden Tagen war Bettenmachen, Zimmer und Bäder putzen und Küchenarbeit angesagt. Nach einer Woche habe ich den Dienst als kostenloses Zimmermädchen quittiert.
Doch die Liste hatte ich noch, und in den nächsten Semesterferien landete ich in einer netten kleinen Hofkommune im Nirgendwo von Thüringen.
Die Tür ging weiter auf, denn ich konnte im Garten helfen, beim Obsternten und beim Einkochen.
In meinem Zimmer stand ein Schwedenofen, und ich machte mein erstes Feuer. Die Toilette war draußen, und ich fand die Spülung nicht, doch ich fand die Antwort auf einem Zettel an der Innenseite der Klotür: Friedensreich Hundertwasser: das Kompostklo. Warum wertvolles Trinkwasser in rauen Mengen dem Unrat mitgeben, wenn man aus dem Unrat ohne einen Tropfen Wasser das Wertvollste machen kann, das es gibt: gute Erde!
Sehr inspiriert kehrte ich in mein Stadtleben zurück. Doch wie diese Ideen umsetzen in einer Zwölf-Zimmer-WG in der Stadt?
Eine weitere Reise nach Südfrankreich führte mich auf einen Selbstversorgerhof am Fuß der Pyrenäen. Im großen Garten der Bäuerin Edeltraud wuchsen durch viel Geschick auf schwerem Lehmboden in der großen Sommertrockenheit Ochsenherztomaten so groß wie meine beiden Fäuste zusammen. Kräuter, Gewürze, Bohnen, Paprika. Die Farben, Formen und Aromen, die Sommersonne und der Geruch der Erde, wenn der gnädige Himmel einmal drei Regentropfen hergab, waren ein Fest für meine Sinne.
Die Gartenarbeit am Tag und die Nächte in einem liebevoll gezimmerten kleinen Holzhüttchen machten mich selig.

Ich sah die Pflanzen wachsen, vom ersten zartgrünen Keim, der zum zähen Stängel mit dunkelgrünen Blättern wird, an dem Blüten aufspringen, die zu Früchten werden. Und diese Früchte ernten können und von ihnen satt werden, ihr köstliches Aroma schmecken, das ist ein Fest für alle Sinne. Und alles in so einem Garten oder der ganzen Natur ist lebendig und ansprechend. Mein Abgeschnittensein oder die Einsamkeit und Langeweile, mit der ich so oft gekämpft habe, waren aufgelöst. Nase, Augen, Ohren, die Kraft der Arme und das unglaubliche Geschick der Hände werden in der Natur ständig gebraucht oder verwöhnt.
Diese Entdeckung lässt mich nicht mehr los und hat mich auch auf die Schnitzschule und in die Jurte geführt.

Nadja

Der Umzug in das Waldlager beginnt.

Die Jurte schält sich aus der Haut, Lage für Lage.

Zwischen altem und neuem Camp liegen nur hundert Meter.

# Der Wonnemonat

Die Jurte fliegt wieder
Und landet hinter dem bisherigen Platz in einem Wäldchen
Zwischen Eschen und Lärchen, Taubnesseln und Giersch.
Die Sonne hat immer mehr Kraft,
Frida und die Jurte brauchen Schatten.
Der Kuckuck ruft, eine Maus spitzelt herein
Und pro Maus zehn neue Mäuse.
Unsere Antwort heißt Mikesch und ist ein Traum
In Rot mit Ockermaserung und grünen Augen.

Nadja

# Zeit
## für Radieschen

# Eine Jurte entsteht

*Große Holzspäne bedecken den Boden. Es wird gehobelt und gesägt, geschnitzt und gebohrt. Zahlreiche Interessierte sind zum oberbayerischen Kochelsee gekommen, um an der Entstehung einer Jurte für den »Aktiv-Hof« in Schlehdorf mitzuwirken. Ich bin äußerst gespannt auf das Ergebnis meines ersten Jurten-Bauprojekts. Und tatsächlich schaffen wir es an einem Wochenende, alle Holzteile herzustellen: die Dachstangen, das Scherengitter, die Mittelstützen und den Kranz sowie eine runde Plattform aus Fichtenbrettern. Auf ihr wird die Jurte im Abstand zum Boden stehen, damit der Außenstoff nicht zu nass wird. Die Tür und eine Außenhülle kaufen wir über einen Händler aus der Mongolei.*
*Als wir die Jurte schließlich aufstellen, liegt eine euphorische Stimmung in der Luft. Alle haben Spaß, und das Ergebnis ist sehr zufriedenstellend. Auf dem Hofgelände steht nun ein wunderschönes neues Feuerzelt.*

Im Vergleich zu den meisten anderen Behausungen besitzt eine Jurte den unschlagbaren Vorteil, dass man sie selbst bauen kann. Ansonsten bieten professionelle Jurtenbauer fertige Behausungen an, beispielsweise Andrea Weibel in der Schweiz oder Yourtent in Tschechien. Claudius Kern, ein österreichischer Jurtenbauer, hat mich sehr inspiriert, weil es sein Ansatz ist, sein Wissen über Jurten »Open Source« in Workshops weiterzugeben. Schließlich spart man sich durch die Eigenleistung beim Jurtenbau nicht nur viel Geld, sondern erlebt auch das erhebende Gefühl, in ein wirklich selbst gebautes Heim zu ziehen.
Im Lauf der Zeit habe ich mir einiges Wissen über die Konstruktion von Jurten angeeignet, und schließlich ergab es sich, dass ich zum ersten Mal selbst einen Workshop leitete. In dessen Verlauf entstand eine Jurte als Gästehaus für den Aktiv-Hof Schlehdorf. Seitdem durfte ich immer wieder bei der Konstruktion von Jurten im Rahmen von teils sehr schönen Projekten mitwirken. Dazu gehören beispielsweise die Kulturjurte in München, die als Film- und Vortragsraum bekannt wurde, und die so genannte Klimajurte. Letztere entstand im Rahmen der Umweltbildung auf dem Abenteuerspielplatz am Schuttberg in München. Mittlerweile habe ich aber auch bei einigen Jurten mitgebaut, die bewohnt werden.
Ich finde es nicht leicht, ein Kapitel über den Jurtenbau zu schreiben, weil ich weiß, wie weit Theorie und Praxis auseinanderklaffen. Aber vielleicht kann ich damit doch dem ein oder anderen bei seinem waghalsigen Versuch helfen, eine Jurte Marke »Eigenbau« zu konstruieren. Reichlich Quellen findet man dazu unter anderem auch im Internet.

Im Wesentlichen besteht eine Jurte zum einen aus den Holzteilen, die das Gerüst bilden, und zum anderen aus den »Außenhäuten«, die für die Isolierung und den Regenschutz zuständig sind. Da es hierzulande viel mehr regnet als in der Mongolei und in all den anderen Regionen, aus denen die Jurte ursprünglich kommt, braucht man darüber hinaus eine Unterkonstruktion. In unseren Breitengraden kann man eine Jurte nicht einfach auf den Boden stellen, da sonst der Filz immer feucht ist und in der Folge schnell Schaden nimmt. Unsere Unterkonstruktion besteht aus einem doppelten Boden aus Fichtenbrettern. Sie entspricht exakt der Grundfläche der Jurte und muss also rund gesägt werden. Zwischen den beiden Böden sorgt eine vier Zentimeter dicke Lage Pavatex für die Isolierung, ein Dämmstoff aus nachwachsenden Rohstoffen. Ehrlich gesagt wäre eine zehn Zentimeter dicke Isolierung auch nicht verkehrt gewesen. Der Doppelboden ruht auf fünf Balken von sechs mal zwölf Zentimetern Stärke. Sie werden von Holzrundlingen gestützt, die die Plattform etwa 40 Zentimeter vom Boden fernhalten.

Zu den hölzernen Bauelementen zählen die Tür und das Scherengitter, das die umlaufende Seitenwand bildet, die Dachstangen, die von der Oberkante der Seitenwand zum hölzernen Lichtkranz in der Mitte verlaufen, sowie die Mittelstützen. Sie sind am Lichtkranz befestigt und übernehmen einen großen Teil der Dachlast. Bei Jurten ohne diese Mittelstützen muss das Scherengitter den gesamten Druck aushalten. Es wird durch Zurrgurte am oberen Gitterrand zusammengehalten, damit die Jurte nicht einfach auseinandergedrückt wird.

Die Tür ist natürlich eigentlich Schreinerarbeit, je nach gewünschtem Perfektionsgrad holt man sich am besten Hilfe. Man kann aber auch ein altes Fenster in der geeigneten Größe verwenden oder eine Tür zurechtstutzen, denn Jurtentüren sind nur so hoch wie die in der Regel niedrige Seitenwand. Unsere misst nur 1,5 Meter Höhe. Man sagt, die Mongolen üben sich in Demut, wenn sie sich beim Durchschreiten verbeugen. Ich bin durchs häufige Kopfanhauen immerhin ganz gut im Fluchen geworden.

Wichtiger als die Höhe ist jedoch der Rahmen der Tür. Er muss unbedingt stabil sein, damit er den Zug aushalten kann, der vom Dach auf das Scherengitter wirkt. Dieses wird seitlich am Türrahmen entweder in einen ausreichend großen und tiefen Schlitz oder in die Spalte zwischen zwei senkrechten, parallel befestigten Brettern gesteckt. Zu beiden Seiten der Tür werden zudem jeweils drei Ringschrauben in den Rahmen geschraubt. Sie halten die Seile, die oben, mittig und unten um die Seitenwand der Jurte geschlungen werden, um den Filz zu halten. Auf der Oberkante des Türrahmens befinden sich nach traditioneller mongolischer Bauweise einige rundliche Vertiefungen. In sie werden die Dachstangen gesteckt, die auf der Tür aufliegen. Wir haben Dübel angebracht, an denen die Dachstangen festgebunden sind.

Ist dies alles berücksichtigt, kann man sich dem Scherengitter zuwenden. Seine Herstellung ist einfach, sobald man das nicht ganz so simple Prinzip erst einmal verstanden hat. In der Regel besteht das Gitter aus drei bis fünf Elementen, die man praktischerweise wie eine Ziehharmonika leicht auseinanderziehen und wieder zusammenschieben kann. Damit ist es an die Lebensweise von Nomaden optimal angepasst. Sie können ihre Hauswand, die gerade noch eine Jurte von 20 bis 25 Metern Umfang gestützt hat, sehr schnell auseinanderbauen. Die maximal einen knappen Meter breiten Einzelteile lassen sich dann bequem auf Lasttiere packen. Ausgezogen stehen die Latten des Scherengitters in einem Winkel von 60 Grad zum Boden. Die hinteren Latten zeigen alle parallel in eine Richtung, die vorderen quer dazu in die andere. So ergeben sich zahlreiche Überkreuzungen, an denen die vorderen und hinteren Latten miteinander verbunden werden. Traditionell verwendet man dazu feuchte Rohhautstreifen, die durch die übereinanderliegenden Löcher durch beide Latten gesteckt und verknotet werden. Beim Trocknen wird die Rohhaut hart, und die Knoten verhindern, dass das Scherengitter auseinanderfällt. Darüber hinaus bleibt bei dieser Konstruktionsweise das ganze Gerüst etwas beweglich, was sich bei starken Stürmen als großer Vorteil erweist. Dieses Verfahren ist natürlich sehr aufwändig, muss man doch einige Hundert Knoten knüpfen. Deshalb werden die Latten heute entweder mit Kunststoffschnur oder mit Schrauben und Muttern miteinander verbunden. Oberhalb der obersten Überkreuzungen lässt man noch etwa zehn Zentimeter Latte stehen. Dadurch ergibt sich eine Gabelung, in die die Dachstangen gelegt und festgebunden werden können.

Gebaut werden die Scherengitter in zusammengeschobenem Zustand. Die »unteren« Stangen werden am Boden dicht aneinander gelegt und die Löcher angezeichnet. Zahl und Abstand der Löcher ergeben sich aus der Anzahl der Dachstangen der Jurte. Je mehr Dachstangen, desto stabiler ist die Konstruktion, aber man muss auch mehr Material bewegen. Der Umfang geteilt durch die Anzahl der Stangen ergibt den Abstand der Löcher: bei einer Jurte mit sechs Metern Umfang und 64 Dachstangen beispielsweise etwa 30 Zentimeter. Man muss natürlich die Tür mit berechnen, auf der ja auch vier bis fünf Stangen liegen, und die Verbindungsstellen der Scherengitter, wo auch je eine Gabelung überlappt.

Hat man die Löcher angezeichnet, so werden die »oberen« Latten nacheinander so darauf gelegt, dass eine Latte quer über so vielen Latten liegt, wie sie Löcher aufweist. Dann wird gebohrt, und es werden die Schnüre oder Schrauben durch die Löcher gesteckt. Schwierig sind die Ränder. Am besten baut man sich ein kleines Modell und probiert selbst aus, wie es richtig geht, dass im ausgezogenen Zustand der Gitterrand gerade ist.

Die Dachstangen zu schnitzen ist etwas langwierig, aber nicht allzu kompliziert. Man benötigt dazu ungefähr vier mal vier Zentimeter starke Fichtenstangen. Diese kann man entweder im Sägewerk als Kanthölzer bestellen, oder aber man findet einen Waldbesitzer, der gerade durchforstet hat. In der Regel fallen bei dieser Gelegenheit zahlreiche dünne Jungfichten an, die für einen Waldbauern wenig Wert haben, für einen Jurtenbauer jedoch schon. Die Jungfichten sind nämlich von vornherein rund und auch stabiler als Kanthölzer, da beim Sägen keine Fasern durchtrennt wurden. Und nicht zuletzt bekommt man sie mit etwas Glück sehr günstig. Vor der Verarbeitung muss man die Jungfichten »schepsen«, also entrinden. Schließlich werden die Hölzer noch gleichmäßig angespitzt. Kurz unterhalb der Spitze lässt man sie so dick, dass ihr Durchmesser dem der in den Kranz gebohrten Löcher entspricht. Je nach Geschmack kann man dabei eckige Kanthölzer abrunden, doch sind sowohl runde als auch eckige Löcher im Lichtkranz üblich.

Nach den Dachstangen wird der Lichtkranz aus Lärchenholz in einer aufwändigen Prozedur gebaut. Sobald man seinen gewünschten Durchmesser festgelegt hat – unserer beispielsweise misst knapp 1,5 Meter –, fertigt man sich eine Schablone für ein Achtelsegment des Lichtkranzkreises an. Anschließend sägt man mithilfe der Schablone 16 Teile wenn möglich mit einer Bandsäge, ansonsten mit einer Stichsäge aus. Anschließend bohrt man in acht dieser etwa vier Zentimeter dicken und acht Zentimeter breiten Holzelemente die Löcher für die Dachstangen, gegebenenfalls muss man sie ausstemmen. Dabei gilt es darauf zu achten, dass die Löcher den entsprechenden Dachneigungswinkel aufweisen. Anschließend werden die gebohrten und die nicht gebohrten Elemente zu jeweils einem Kreis zusammengefügt und übereinander versetzt verleimt. Dabei bilden die gebohrten Teile den unteren, die nicht gebohrten den oberen Ring.

In meiner Jurte ist zudem die zentrale Lichtkuppel ein Holzelement, da ich dafür immer eine Holzkonstruktion als Träger verwende. Eine

Lichtkuppel selbst zu bauen ist äußerst kompliziert, und an dieser Stelle kann ich ihre Anfertigung nicht bis ins Detail ausführen. Sicherlich gibt es hierfür mehrere Methoden. Doch unabhängig von der Bauweise ist es stets entscheidend, dass sie wasserdicht und lichtdurchlässig ist. Am praktischsten sind Kuppeln, die man öffnen oder sogar ganz abnehmen kann. Beim Aufbau der Jurte erleichtert es erheblich die Arbeit, wenn man vom offenen Lichtkranz aus die Filze und Außenhüllen glattziehen und zurechtrücken kann. Für unsere Jurte habe ich eine achteckige Trägerkonstruktion mit einem Kreis in der Mitte gewählt und auf jedes Achtel ein passendes Segment aus Plexiglas geschraubt. Der Ausgang für den Ofen befindet sich in der Mitte der Kuppel und ist mit einem Blech umgeben. Es gibt auch fertige Rundkuppeln, die aber nicht ganz billig sind und auch keine Öffnung für den Ofen aufweisen.

Wenn das Gerüst der Jurte steht, wird die Außenhülle angebracht. Zur Isolierung eignen sich verschiedene Materialien. Traditionell werden Filzbahnen aus Schafwolle verwendet, mit denen ich bis jetzt die meisten – guten! – Erfahrungen gesammelt habe. Möglich sind aber auch Platten aus Schilf, Flachs oder Hanf. Filzbahnen bieten den Vorteil, dass sie sich hervorragend an die runden Formen der Jurte anpassen und einfach zu transportieren sind, weil sie sich gut zusammenrollen lassen. Je nachdem, wie mobil die Jurte bleiben soll, kann man natürlich auch eine dicke Isolierung über einer Filzschicht anbringen. Wir verwenden eine doppelte Filzschicht und sind ganz zufrieden mit der Dämmwirkung. Darüber ist rund um die gesamte Jurte eine Plane aus atmungsaktivem Baumwollmischgewebe verlegt, die ein auf Tipis spezialisierter Planenschneider für uns angefertigt hat. Die fromme Hoffnung, dass sich mit dieser Schicht alleine die Feuchtigkeit abhalten lässt, wurde uns jedoch beim ersten Dauerregen genommen. Der Stoff ist an sich wasserdicht. Da er aber direkt am Filz anliegt, saugt er sich, wenn er dem Regen ungeschützt ausgesetzt ist, langsam voll und beginnt mit der Zeit beständig zu tropfen.

»Dichtere« Materialien wie Nylonhüllen haben wiederum den Nachteil, dass die Feuchtigkeit, die in der Jurte entsteht, nicht nach außen entweichen kann. Sie stellen also auch keine Lösung dar. Deshalb haben wir über der atmungsaktiven Schutzhülle noch eine maßgeschneiderte Lkw-Plane auf dem Dach angebracht. Kanthölzer, die wie die Dachlatten vom Außenrand bis zur Mitte hin verlaufen, sorgen für rund fünf Zentimeter Abstand zwischen beiden Planen. Durch diese Konstruktion wird einerseits das Wasser von oben abgehalten, und es sammelt sich andererseits aufgrund der

Hinterlüftung keine Feuchtigkeit an. Dies ist extrem wichtig, da der Filz sonst schimmeln kann. Darüber hinaus lassen wir die Plane an den Seitenwänden etwas überstehen, damit auch diese vor Regen geschützt sind. In sturmgefährdeten Gebieten muss man sich eine solche Konstruktion natürlich gut überlegen, damit einem nicht der Wind die Plane wegreißt.
Zu guter Letzt werden noch Seile über die Jurte geworfen und als Sturmsicherung fest im Boden verankert. Die Mongolen haben sogar Seile in der Jurte, die am Lichtkranz befestigt sind. Bei sehr heftigen Winden hängt sich die ganze Familie daran, um die Jurte am Boden zu halten. In der Mongolei gibt es allerdings auch weitaus heftigere Stürme und härtere Wetterbedingungen als in Mitteleuropa.

Je nach Größe und Anteil der Eigenleistung variieren die Kosten für eine Jurte sehr stark. Jeder einzelne Meter des Durchmessers wirkt sich auf die Gesamtfläche aus, beim Lichtkranz machen sogar zehn Zentimeter schon viel aus. So hat eine Jurte mit sechs Metern Durchmesser eine Grundfläche von knapp 30 Quadratmetern. Verlängert man den Durchmesser um nur einen Meter, beträgt die Grundfläche schon fast 40 Quadratmeter, und entsprechend erhöhen sich auch die Kosten. Am teuersten sind die Außenhüllen, die unglücklicherweise auch am aufwändigsten herzustellen sind. Allein für die Plane aus Baumwollmischgewebe mussten wir 1400 Euro bezahlen, nur etwas günstiger ist die Lkw-Plane, sofern man sie nicht gebraucht kauft oder irgendwie selber anfertigen kann. Ihren Preis haben auch die verschiedenen Möglichkeiten für die Isolierung – außer man filzt selber. Für eine komplette Lage Filz für eine Sechsmeterjurte muss man rund 1200 Euro rechnen, wobei mindestens zwei, besser sogar noch mehr Lagen zu empfehlen sind. Freunde von uns haben bei der Firma DaemWool Wollmatten gekauft und sie selber zurechtgeschnitten. Dies ist die günstigste mir bekannte Variante.
Die Holzteile kosten nicht viel mehr als 350 Euro, wenn man sie selber baut, die Plexiglasplatten, Schrauben, Seile und sonstigen Kleinteile schlagen mit 400 bis 500 Euro zu Buche. Die Kosten für die Plattform sind wieder von der Fläche abhängig. Ein Quadratmeter gehobelter Fichtenboden kostet im Sägewerk rund zehn Euro, hinzu kommen die Balken und die Rundlinge für die Pfosten. Insgesamt betragen also die Holzbodenkosten bei einer Jurte mit sechs Metern Durchmesser rund 700 Euro, hinzu kommen 400 Euro für eine vier Zentimeter dicke Isolierung. Je nach Budget kann diese jedoch bis zu zwölf Zentimeter betragen und entsprechend mehr kosten.

Insgesamt kann man also mit 5000 bis 6000 Euro für eine ganzjährig bewohnbare Jurte mit sechs Metern Durchmesser rechnen, selbst wenn man die Holzteile selber anfertigt. Im Gegenzug spart man sich natürlich die Miete, die auf das Jahr gerechnet ähnlich hoch ausfällt. Trotz der anfänglich hohen Investitionen amortisieren sich also die Kosten für eine Jurte schon nach relativ kurzer Zeit.

## Gefilztes Glück

*Manauni, Nadjas Islandpferd, geht in straffem Tempo vor uns her. An zwei Seilen zieht sie eine zwei Meter lange, dicke Rolle, die quer über einen kleinen, kaum breiteren Waldweg poltert. Die vereinzelten Spaziergänger, denen wir begegnen, schauen uns fragend an, einige sind sichtlich neugierig. Wir alle sind selbst gespannt, Nadja, einige gute Freunde und ich. Zum ersten Mal versuchen wir eine Seitenwand für die Jurte nach mongolischer Methode zu filzen. Es ist erstaunlich, wie wenig es dem Pferd ausmacht, die Rolle zu ziehen, die wir zu dritt gerade so heben können. Ab und zu wird angehalten, um den Filz, der mit einem Teppich umwickelt ist, zu drehen. Dann geht es wieder weiter. Rund zwei Stunden sind wir unterwegs, bis der große Moment gekommen ist. Wir rollen den Filz aus und bewundern seine wunderschöne, weiß-schwarz-braune Schafwollstruktur. Wir haben auch ein paar Muster hineingelegt, die leicht verwackelt, aber doch deutlich erkennbar geblieben sind. Der Filz ist sehr dick geworden, ansonsten sind wir vollauf zufrieden.*

Angefangen hat die Geschichte unserer Jurte tatsächlich mit der Herstellung des Filzes. Ich fragte alle Schafbesitzer, die ich kannte, nach Wolle zum Filzen und war schließlich überwältigt von dem riesigen Wollberg, der sich in meinem Schuppen angesammelt hatte. Rund 160 Kilogramm Bergschafwolle hatten mir Oberammergauer Schafbauern geschenkt. Die Preise für Bergschafwolle sind so schlecht, dass sich nicht einmal der Transport zu einer Sammelstelle nach Garmisch für sie gelohnt hätte. Nun gab es natürlich kein Zurück mehr, und ich machte mich ans Waschen, Trocknen und schließlich Filzen.

Von den Mongolen haben meine Liebste und ich uns abgeschaut, wie man zwei Meter breite und fünf Meter lange Filzteppiche herstellen kann, ohne sich völlig aufzuarbeiten: Sie legen die Wolle in der gewünschten Form und Größe aus, breiten eine Zwischenhaut darüber und rollen das Ganze zusammen auf eine Stange. Diese Wollwurst lassen sie von einem Pferd kilometerweit durch die Steppe ziehen, wobei sich die Wolle durch ihr rotierendes Eigengewicht selbst verfilzt.

In der von uns gewählten Variante breiten wir eine zwei Meter breite und sechs Meter lange Plastikplane aus. Auf diese »rupfen« wir die Wolle von Hand, da uns das Kardieren zu teuer kommt. Kardierte Wolle lässt sich zwar am leichtesten verarbeiten, hat jedoch den Nachteil, dass sie gewaschen werden muss und dabei viel Lanolin verloren geht. Dieses natürliche Wollfett bietet aber ganz wesentliche Vorteile, wenn man die Wolle als Jurtenwand verwenden möchte. Lanolin wirkt wasserabweisend, fäulnishemmend und lässt die Wolle stärker verfilzen. Deshalb waschen wir nur die stark verschmutzte Wolle unserer Wollbergs und verarbeiten wie die Mongolen den Großteil ungewaschen. Am besten geeignet ist hierfür die langhaarige Wolle des Bergschafs. Sie verarbeitet man im Idealfall direkt nach der Schur im Herbst, weil sie dann sauberer ist als bei der Frühjahrsschur, wenn die Schafe aus dem Stall kommen. Beim Rupfen mussten wir experimentieren: Zupft man die Wolle sehr fein, so dauert es ermüdend lang. Zupft man sie zu grob, filzt die Wolle schlecht. Nach den Erfahrungen, die ich beim Filzen von vier Wänden gesammelt habe, kann ich heute innerhalb von fünf Stunden alleine einen Filz auf diese Weise vorbereiten.

Wenn dieser mühsamste Teil geschafft ist, schüttet man heißes Wasser über die Wolle, legt Noppenfolie darüber und bedeckt alles mit einer weiteren Plane. Für die als Nächstes benötigte »Walze« benutzen wir einen trockenen Fichtenstamm von etwa zwanzig Zentimetern Durchmesser. Um ihn wird alles »gewickelt«, indem wir ihn langsam über Filz und Plane rollen und anschließend alles mit Schnüren gut festzurren.

Seitlich am Stamm befinden sich zwei lange Schrauben, in die zwei Karabinerhaken eingehängt werden. Diese sind wiederum mit dem Seil verbunden, an dem die Zugmaschine zieht – traditionell ein Pferd, heute aber auch durchaus ein Auto oder Traktor. Für ein befriedigendes Ergebnis müssen mindestens zehn, besser jedoch 15 Kilometer zurückgelegt werden. Ab und zu muss man die Rolle drehen und den ganzen Filz, wenn er schon etwas fest ist, von der anderen Seite neu aufwickeln. Dies ist notwendig, damit der Filz nicht zu schlabbern beginnt und sich zu einem Trapez verformt, weil die Außenseite der »Wollerolle« durch den größeren Druck besser gefilzt wird. Der Filz schrumpft bei diesem Vorgang um ein Viertel in Länge und Breite. Für einen 1,8 Meter breiten und 4,5 Meter langen

Wandfilz rechne ich einen Tag Arbeit, für eine Jurte mit sechs Metern Durchmesser benötige ich davon vier. Der Dachfilz hat in etwa dieselbe Fläche, diesen haben wir jedoch gekauft.

## Der Sommertag

*Ich schleiche langsam durch das vom Morgentau benetzte Gras. Die Sonne ist noch nicht zu sehen, aber ihr Licht hat die Dunkelheit der Nacht bereits besiegt, und der wolkenlose Himmel kündigt einen herrlichen Sommertag an. Ich bewege mich weiter Richtung Waldrand zu dem Platz, an dem ich morgens oft eine Weile lang die Vögel und andere Tiere beobachte. Als ich über den Hügel komme, sehe ich, wie sich dort etwas bewegt. Keine zwanzig Meter vor mir hüpft ein junger Fuchs! Er macht Luftsprünge, dann geht er wieder ganz nah mit der Schnauze an den Boden und erkundet das Terrain. Nachdem ich ihn schon eine ganze Zeit beobachtet habe, bemerkt er mich plötzlich und rennt so schnell er kann über die Wiese und am Weiher vorbei zum Wald.*
*Ich setze mich an meinen Platz und freue mich über diese besondere Begegnung. Lange sitze ich ruhig da, und nichts regt sich. Dann sehe ich die ersten Bussarde über den Wipfeln ihre Bahnen ziehen. Ohne die Flügel zu bewegen, steigen sie immer höher. Ich bewundere sie für ihre meisterhafte Flugkunst. Schließlich kommt pünktlich, wie fast jeden Morgen, der Fischreiher mit dem ulkigen Hals und den großen Flügeln angeflogen. Er dreht ein paar Runden, wohl um sich zu überzeugen, dass alles sicher ist. Als er hinter einem Baum verschwindet, beschließe ich, zurück zur Jurte zu gehen.*
*Wie ich mich ihr nähere, werden die ersten Geräusche am Hof, in dessen Nähe wir vor einem halben Jahr gezogen sind, lauter. Auch die Bundesstraße ist jetzt aus der Ferne zu hören. Ich bin wieder im Bayern des 21. Jahrhunderts angekommen. Aber kaum betrete ich die Jurte, umfangen mich erneut die Ruhe und die Kraft des Morgens, die ich am Waldrand gespürt habe. Nadja und Frida sind gerade wach geworden. Ich bin glücklich.*

Ich beginne meinen Tag oft auf diese Weise. Zu meiner Ausbildung zum Wildnispädagogen in einer Wildnisschule gehörte unter anderem, über einen längeren Zeitraum hinweg jeden Tag eine gewisse Zeit still sitzend am immer gleichen Platz in der Natur zu verbringen. Auf diese Weise gewöhnen sich die Tiere an einen, und man kann Vorgänge beobachten, die man sonst nicht zu Gesicht bekommt.

Außerdem lässt sich bei der »Sitzplatzarbeit« die langsame Veränderung in der Natur im Jahresverlauf erfahren. Man sieht dieselben Bäume, Tiere, Vögel, Kräuter in immer anderer Erscheinungsform, bei Regen, Sonne oder Schnee.

Dank der Jurte habe ich einen ziemlich kurzen Weg zu meinem Sitzplatz, da wir ja schon halb in der Wildnis wohnen. Ich glaube nicht, dass ich die Disziplin für diese Übung aufbringen könnte, wenn ich im Dorf oder in der Stadt lebte. Für mich ist es aber ganz wichtig geworden, nah an der Natur zu sein und von ihr zu lernen. Ihre unzerstörte Schönheit wahrzunehmen, macht mich glücklich und tut meiner Seele gut.

Und nicht zuletzt ist es ein beruhigendes Gefühl, Techniken zu beherrschen, mit denen man in der Wildnis ohne viele Hilfsmittel gut überleben kann. So habe ich in der Ausbildung unter anderem gelernt, wie man an sauberes Wasser kommt, sich einen Unterstand baut, welche Kräuter man essen kann und vieles mehr. Ein Großteil dieses Wissens stammt aus einer indianischen Tradition, die über den Lehrling eines alten Apachen nach Europa kam. Aus diesem Impuls gründete sich das Netzwerk der Wildnisschulen, die alte Fertigkeiten im Umgang mit der Natur aus dem Erfahrungsschatz verschiedener Völker weitergeben. Dazu gehören unter anderem handwerkliche Techniken wie Bogenbau, Fallenstellen oder Feuermachen, soziale Techniken, die den Zusammenhalt einer Gruppe ermöglichen, sowie Techniken, die die innere und äußere Wahrnehmung schärfen.

Leider ist bei uns ein Großteil dieses alten Wissens verloren gegangen. Doch noch gibt es auch hier eine Tradition der Naturverbundenheit. Mein erster »Naturlehrer« war ein Ur-Bayer und mein »Chef« im Zivildienst. Zusammen versorgten wir die Pferde eines reittherapeutischen Programms. Damals kam ich noch mit tief hängender Baggy und Hip-Hop im CD-Player zur Arbeit, sodass der Unterschied zwischen unseren beiden Welten kaum größer hätte sein können. Wenn es hektischer wurde, verstand ich darüber hinaus kaum ein Wort von dem, was er sagte. Mit der Zeit näherten wir uns jedoch an, und ich konnte viel von ihm lernen. Bis heute sind wir gute Freunde geblieben.

Wolle wird für neue Jurtenwände auf mongolische Art gefilzt.

# Tubenwickler und Bogenbauer

*»Es gibt in Europa wohl mehr Menschen, als Palmen auf unseren Inseln sind, deren Gesicht aschgrau ist, weil sie keine Freude an ihrer Arbeit kennen, weil ihr Beruf ihnen alle Lust verzehrt, weil aus ihrer Arbeit keine Frucht, nicht einmal ein Blatt wird, sich daran zu freuen.«* (Südseehäuptling Tuiavii in Erich Scheurmanns Buch »Der Papalagi«)

Es gibt durchaus Leute, bei denen der Anblick der Jurte wilde Fantasien von Hartz IV empfangenden, drogennehmenden Hippies weckt. Aber auch weniger Schockierte können sich oft nicht vorstellen, dass die Jurtenbewohner einer geregelten beruflichen Tätigkeit nachgehen. Nach der »Toilettenfrage« wird mir die Frage nach meinem Lebensunterhalt mit Abstand am häufigsten gestellt. Ich weiß jedoch nicht, welchen Beruf man als Jurtenbewohner nicht ausüben könnte!

Bis jetzt habe ich zwar noch keinen Bankangestellten oder Immobilienmakler kennengelernt, der so lebt, generell finde ich aber alles bis zum Supermodel vorstellbar. Eine eigene Bürojurte ist sicher ratsam für alle, die Kinder haben und zu Hause in Ruhe arbeiten möchten.

In meinem Fall ist die berufliche Lage ähnlich wechselhaft und ungewöhnlich wie die Wohnsituation. Das kommt hauptsächlich daher, dass ich kaum etwas mehr fürchte als einen immer ähnlich bleibenden Berufsalltag. Als Schulabgänger stand ich zunächst einmal vor einer Welt, von der ich überhaupt nicht wusste, wie ich mich sinnvoll in sie einbringen sollte. Alles schien mir absurd, und dem selbstzerstörerischen Feldzug unserer Gesellschaft gegen alles Natürliche wollte ich mich keinesfalls anschließen. Als ich nach dem Zivildienst immer noch nicht wusste, was ich beruflich machen wollte, fing ich aus Verlegenheit ein Studium an, nur um es bald wieder aufzugeben und auf Reisen zu gehen. Auf der Suche nach Glück und Orientierung ging ich einfach los, zu Fuß über die Alpen und durch Italien. Unterwegs schlief ich in Heuschobern und bei gastfreundlichen Menschen, in Kirchen und an Stränden. In dieser märchenhaften Zeit auf Reisen entdeckte ich, wie leicht es sein kann, wenn man nichts bei sich hat und ganz dem Fluss des Lebens vertraut. Wieder zurückgekehrt, ergab sich alles fast wie von selbst. Auf der Schnitzschule in Oberammergau erlernte ich den Beruf des Holzbildhauers; in dieser Zeit schloss ich auch Freundschaft mit einem Bogenbauer. Noch heute bin ich mehr dem Schnitzen traditioneller Holzbogen als der Skulptur verfallen. Ich verkaufe die Bogen auf Kunsthandwerkermärkten und gebe Kurse, in denen sich jeder Teilnehmer seinen eigenen Bogen bauen kann. An den ersten Standorten unserer Jurte konnte ich immer eine Werkstatt auf dem Hof zum Arbeiten mitbenutzen, doch mittlerweile habe ich mir einen lang gehegten Traum erfüllt: Seit Neuestem besitze ich eine eigene Werkstattjurte!

Das Bogenschnitzen passt sehr gut zu meiner Arbeit als Wildnispädagoge, die auch viel mit altem Handwerk und Naturwissen zu tun hat. Und langsam, aber sicher fasse ich nun auch Fuß als Jurtenbauer. Verschiedene Tätigkeiten, die sich für mich jedoch wie ein einziger Beruf anfühlen, da ich mich dabei stets mit ähnlichen Dingen beschäftige. Vor der starken Spezialisierung der Berufe musste ja auch jeder alles können: Nahrung beschaffen, Werkzeuge herstellen, Haus bauen, Haus beschnitzen.

In einem Buch über die Steinzeit in Europa entdeckte ich die Darstellung einer rekonstruierten Behausung, wie sie in meiner Heimat vor 12000 Jahren üblich war. Sie gleicht unserer Jurte bis aufs Haar, besser gesagt bis aufs Rehhaar, denn sie ist mit Fellen bedeckt. Auch wird die Seitenwand nicht durch ein Scherengitter, sondern durch senkrechte Stützen gehalten. Doch die Behausung ist rund und misst sechs Meter im Durchmesser. Sie hat ein leicht schräges Dach mit einer Öffnung in der Mitte, das von Dachstangen gehalten wird, die auf der Seite aufliegen. Manchmal glaube ich, ich bin einfach ein bisschen wie ein Fossil, das aus dieser frühen Zeit übrig geblieben ist. Warum sonst fühle ich mich in meiner Jurte so zu Hause?

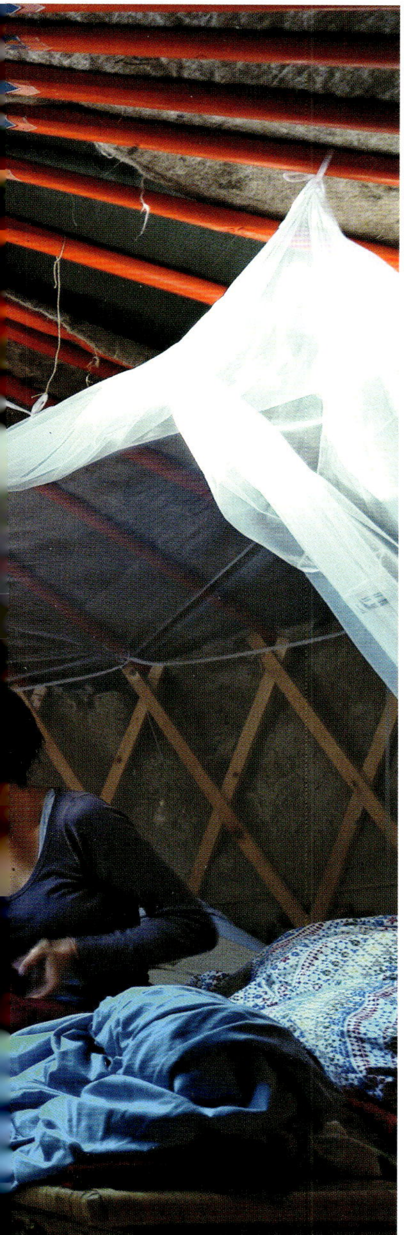

# Heimweg

Manchmal denk ich schon:
Warum kann ich nicht mit dem Auto in die Einfahrt einbiegen und das ganze Zeug und das Baby in das nur zehn Meter entfernte Häuschen tragen?
Das denke ich, wenn ich mit quengelndem Baby im Tuch, dem Einkauf auf dem Rücken und irgendwelchen anderen Dingen in den Händen den Weg hinauf zur Jurte antrete.
Bis ich oben bin, ist Frida meistens bereits friedlich eingeschlafen, nachdem sie dem rauschenden Bach gelauscht und die tanzenden Blätter und das Lichtspiel in den Bäumen beobachtet hat.
Bis ich oben bin, bin ich ein bisschen stolz auf mich, dass ich es wieder geschafft habe.
Bis ich oben bin, weiß ich wieder die Schönheit zu schätzen, die uns umgibt und alle Mühe wert ist.
Und bis ich oben bin, fällt mir ein, dass so ein Häuschen auch seine Nachteile hat (eckig und teuer).

Nadja

Ein Fest an der Jurte. Geigen- und Akkordeonklänge begleiten die Lieder des Sommers.

Frida entdeckt ihre Jurtenwelt.

»Schnürlkasperl David« – eine spontane Arbeit von Nadja

Spätsommer im Wald. Die Nächte werden schon frisch.

Bis der Ofen knistert und Wärme in die Jurte steigt

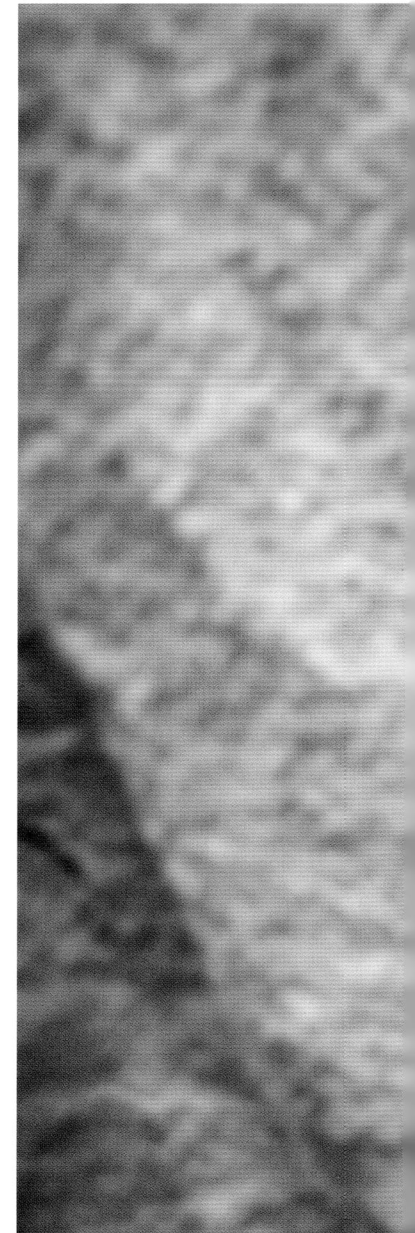

David erwärmt Wasser zum Haarewaschen.

Frida dreht ihre ersten Runden.

E-Mails checken und Texte für das Jurtenbuch schreiben

Tradition und neue Wege

Frida erweitert ihren Radius.

David spielt auf zum Sonnenuntergang. Der Platz am Bodensee war schön offen und frei.

# Wahnsinn

Wann, wenn nicht jetzt, seine Träume leben?
Ein Später gibt es vielleicht nicht.
Die beste Freundin von Davids Schwester wurde überfahren.
Raserei, Leben auf der Überholspur.
Wie kann der Wahnsinn weiterbestehen, wenn dabei junge Menschen
Ums Leben kommen?

Nadja

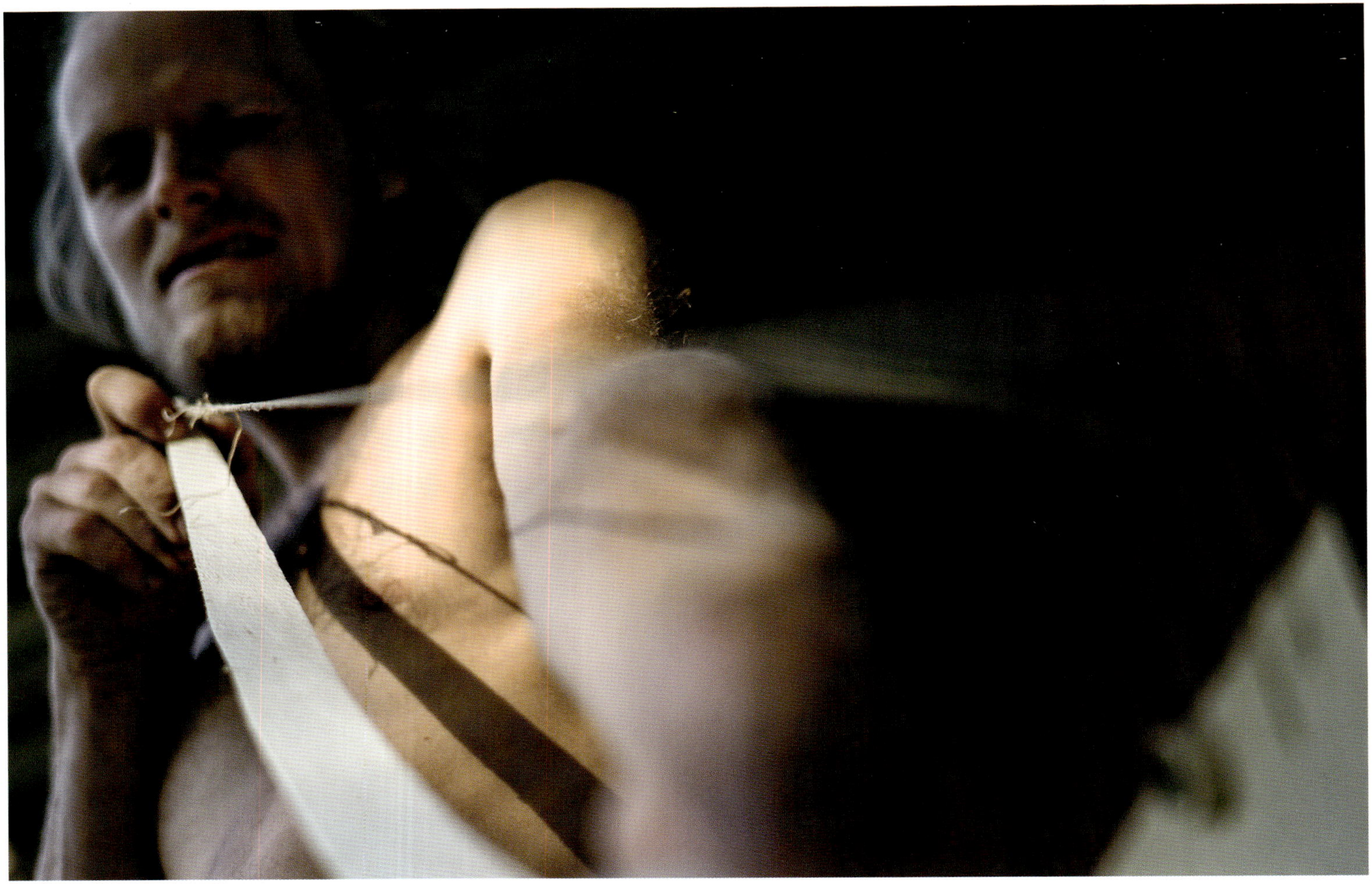

Bogen für den nächsten Künstlermarkt

# Tonda
## und das Lager am Fluss

# Dreisein

*Ich stehe unter dem klaren Sternenhimmel. Der Orion und der Große Wagen grüßen und ziehen langsam ihre Bahnen. Sie treffe ich meistens, wenn ich in klaren Nächten kurz austreten muss. Bevor ich wieder in die warme Jurte verschwinde, blicke ich noch mal staunend auf die Behausungen unserer neuen Nachbarn. Es ist Wirklichkeit und kein Traum: Wir haben zwei Familien kennengelernt, die auch in einer Jurte leben wollen. Zusammen haben wir einen neuen Platz gefunden, der groß genug ist, und gemeinsam haben wir geholfen, ihre Jurten zu bauen und aufzustellen. Und jetzt schimmern drei von innen beleuchtete Lichtkuppeln in der Nacht. Welch ein Anblick!*

Drei Jurten bilden unser kleines Jurtendorf. Drei Familien mit sechs Erwachsenen und fünf Kindern leben hier. Ich freue mich sehr für uns und für Frida. Für sie ist es gut, nicht immer nur an uns Erwachsenen zu hängen, sondern mit Gleichaltrigen »lostigern« zu können. Doch auch für uns Eltern ist es ein großer Gewinn, dass wir nun Gleichgesinnte um uns haben. Wir helfen uns gegenseitig, ergänzen uns und verbringen wunderbare Abende miteinander. Eine besonders geniale Errungenschaft unseres Mehrfamiliendaseins ist der »Jurten-Vorwärmservice«. Wenn wir in unserer Zeit als Einzelkämpfer an Winterabenden länger unterwegs waren, war die Jurte bei unserer Rückkehr immer sehr ausgekühlt. Jetzt reicht ein kurzer Anruf bei den Nachbarn, und wir können uns eine wohlbeheizte Jurte bestellen.

Unsere Jurten stehen auf einem 5000 Quadratmeter großen Grundstück, das wir samt einem sehr renovierungsbedürftigen kleinen Bauernhaus mit Stadel zusammen gemietet haben. Dort sind wir unsere eigenen Herren, da der Vermieter andernorts wohnt. Wir zahlen nur eine geringe Miete, doch müssen wir »unser« Land fast neu erschließen. Äußerst abgeschieden liegt es von Wiesen und Wald umgeben nahe einem wilden Fluss. Wir baggern einen Graben für eine Wasserleitung, legen eine Einfahrt an, mauern den Kamin neu. Jede Familie besitzt ihr eigenes »Jurtenreich«, Scheune und Haus nutzen wir gemeinsam. Dort stellen wir im Keller alles ab, was nicht einfrieren soll, beispielsweise Gemüse, Kartoffeln oder Sauerkraut. Das Haus liefert uns zudem Wasser und Strom und beherbergt eine gemeinschaftliche Waschmaschine. Es dient darüber hinaus als Gästehaus mit einem luxuriösen WC für alle, denen die Komposttoilette zu abenteuerlich ist.

## Nomaden wider Willen – die Jurte und die »normale« Welt

*Ein Orkan ist angekündigt. Ich sitze mit leicht mulmigem Gefühl im Zug nach Nürnberg, wo ich eine Theateraufführung am nächsten Morgen musikalisch begleiten soll. Der Zug verpasst den Anschluss wegen des Sturms, sodass ich erst spät ankomme. Endlich sitze ich mit meinen Theaterkollegen gemütlich in einer urigen Nürnberger Kneipe und gehe mit ihnen zusammen noch einmal alles für den nächsten Tag durch. Da ruft Nadja aufgeregt auf dem Handy an und berichtet, dass unsere Dachkuppel gerade mit einem leisen »schwupp« samt Ofenrohr davongeflogen ist! Gott sei Dank kann ich mir ein Auto leihen und nach Hause brausen. Ich selbst habe kein Handy dabei und weiß deshalb nicht, was der Sturm noch weiter anrichtet. Es ist aber schon schlechte Nachricht genug, dass die Dachkuppel fehlt, denn so kann der Wind mit ganzer Kraft in die Jurte fahren und alles Mögliche zerstören. Auf meiner Höllenfahrt durch den Schneesturm fürchte ich um unsere weitere Existenz im Filzhaus.*

*Als ich endlich zu Hause ankomme, hat sich Nadja mit Frida in die Nachbarjurte gerettet. Das Loch im Dach wurde bereits heldenhaft mit einer Plane abgedichtet. Dennoch sitzt bei mir der Schreck tief, fast noch tiefer als bei Nadja, die schon selig bei unseren Freunden geschlafen hatte. Frida hat von der Zerstörung ohnehin nichts mitbekommen. Am nächsten Tag kann ich den Schaden reparieren und setze gleich die Lektion um, die mir der Sturm erteilt hat. Diesmal befestige ich die Kuppel weitaus besser am Kranz. Und bei Orkanen werde ich in Zukunft wenn irgend möglich zu Hause bleiben …*

In ihrer Bauart und Funktionalität ist die Jurte auf das Leben der Nomaden ausgerichtet, die in ihrer mongolischen Heimat mit ihren Tieren durch die Weiten der asiatischen Steppen ziehen. Dort ist es heute wie vor Jahrtausenden »normal«, in Jurten zu leben. Ich war noch nie in der Mongolei, doch ich stelle sie mir recht plastisch vor, als ein wildes, raues Land mit herzlichen Menschen.

Das Umfeld meiner Jurte im überbevölkerten Mitteleuropa unterscheidet sich in vielem von der mongolischen Steppe. Hier muss sie ganz anderen Anforderungen gerecht werden, und unwillkürlich stellt sich auch die Frage, ob Jurten ein geeignetes Wohnmodell für das Leben in der modernen Gesellschaft Deutschlands darstellen. In der Mongolei macht sich wahrscheinlich keiner Sorgen über Baubehörden oder Kaminkehrer. Ist dort einfach jeder an Jurten gewöhnt, fällt unser Feuerzelt hierzulande auf wie ein Außerirdischer auf einem Barockgemälde. Vielleicht können sich viele Menschen aufgrund der »Außergewöhnlichkeit« nicht vorstellen, dass

man als Jurtenbewohner überhaupt ein »gewöhnliches« Leben führen kann. Doch wie jeder andere Bewohner eines »normalen« Hauses brauchen auch wir Geld und sind versichert.
Orkanschäden, gefrorenes Wasser im Winter und andere kleine Beschwerlichkeiten können unsere Freude am Jurtenleben nicht trüben. Bislang haben wir es auch noch nie als Problem empfunden, dass wir kaum in den Urlaub fahren, weil wir die Jurte ungern für längere Zeit allein lassen. Das einzige wirkliche Problem für uns besteht eigentlich darin, dass wir nie wissen, wie lange wir an einem Platz bleiben können, weil wir selber kein Land besitzen. Hinzu kommt, dass man sich als Bewohner einer Jurte juristisch in einer ausgesprochenen Grauzone bewegt. Die meisten wissen, dass es Bestimmungen für einfach beinahe alles gibt: In der Jurte muss man Auflagen für das Abwasser und den Brandschutz beachten, darf nicht den Verdacht des Wildcampens aufkommen lassen und auch keiner Splittersiedlungsbildung Vorschub leisten. Darüber hinaus müssen die optischen Anforderungen an ein Gebäude der ortsüblichen Bebauung entsprechen. Nicht zu vergessen sind zudem statische Bedenken sowie überhaupt die ganze bayerische Bauordnung. Darüber hinaus besitzt auch das Jugendamt genaue Vorstellungen, was einem Kind heutzutage geboten sein muss. Und paradoxerweise kommt zu alldem noch Forderungen der Naturschutzbehörde erschwerend hinzu, obwohl sie doch an der Entwicklung naturschonender Wohnformen interessiert sein müsste.
Ich wünschte, ich könnte das ändern, denn das Jurtenleben bietet meiner Meinung nach nur Vorteile für mich, für meine Familie und für die Erde. Ich staune über die Fähigkeit von den Betreibern riesiger Supermärkte und Industrieanlagen, sich über all diese Bestimmungen hinwegsetzen zu können und das Landschaftsbild immer mehr zu prägen. Ich wünschte, ich hätte ihre Durchsetzungskraft!
Wir machen uns deswegen trotzdem nicht verrückt. Bis jetzt hatten wir nie Probleme mit den Behörden, und die meisten Menschen, die an der Jurte vorbeikommen, sind interessiert bis begeistert von dem überraschenden Anblick. Manche finden es zwar als Einzelfall gut, aber wenn das jeder machen würde! Das ginge ja dann doch nicht.
Ich finde diesen Einwand nicht berechtigt, da er völlig utopisch ist.
In ganz Deutschland hat nur eine verschwindend geringe Zahl von Menschen eine ähnlich einfache Lebensform wie wir gewählt. Doch selbst, wenn es mehr wären: Sogar in unserem dicht besiedelten Land fallen derzeit auf jeden Bürger theoretisch rund 2000 Quadratmeter Grün- und Ackerflächen – völlig ausreichend für eine Jurte mit Gemüse-Selbstversorgung.

# Zukunftsgedanken

*»Ja, wenn man jung ist, kann man so was ja mal machen.«*

Wie lange wir noch in der Jurte leben werden? – Für mich eine spannende Frage. Ist es alles nur eine Art überlanger Campingurlaub? Oder ist es wirklich eine ernst zu nehmende, dauerhaft praktizierbare Lebensform? Ich kann mir jedenfalls nicht vorstellen, dass ein »herkömmliches« Haus mich jemals wieder mehr reizen würde als unsere Jurte. Locken könnten mich vielleicht noch Konstruktionen wie Stroh-Lehm-Holz-Jurten oder Häuser in sonstigen kreativen, ökologisch sinnvollen Bauweisen – wenn wir denn irgendwann einmal einen Platz gefunden haben, von dem wir sicher wissen, dass wir die nächsten zwanzig Jahre dort verbringen wollen.
Wenn es nach mir geht, ist die Sache also klar. Sehr wahrscheinlich werde ich wohl eines Tages eine größere Jurte bauen, damit wir auch zu viert gut darin leben können. Und wenn Frida so groß ist, dass sie dringend ihren eigenen Raum will, dann nehme ich mir womöglich ein Beispiel an einer Frau, die wir vor kurzem kennengelernt haben. Sie lebt seit vier Jahren in einer Jurte und hat ihrem jetzt zwölfjährigen Sohn eine eigene, kleine Jurte aufgestellt.
Aber dann wird es noch ganz andere Probleme geben, die ich gar nicht voraussehen kann. Wird sich Frida sehr merkwürdig vorkommen, wenn sie später einmal in der Schule erzählen wird, dass sie in einer Jurte lebt? Werden ihre Mitschüler das cool finden, oder wird sie deswegen vielleicht sogar ausgegrenzt werden? Bei diesen Fragen wird mir klar, dass sich ein Jurtenleben dauerhaft wesentlich besser in einer Gemeinschaft als in einer einzelkämpferischen Kleinfamilie gestalten lässt. Ich glaube, dass es für unsere Kinder wichtig sein wird, wenn auch andere Menschen in ihrer Umgebung eine Jurte für das Normalste auf der Welt halten und sie sich so nicht als Exoten fühlen müssen. Und natürlich brauchen sie vor allem andere Kinder, die auch in einer Jurte leben. Wenn seine Freunde nach Hause gehen, fragt eines der Kinder aus unseren Nachbarjurten mittlerweile schon, ob sie jetzt auch in ihre Jurte gehen. So kann es klappen, denke ich. Ich wünsche mir, dass ich meine Kinder für unsere Art zu leben begeistern kann, und hoffe, dass sie nicht das alte Klischee bedienen werden, demzufolge der Nachwuchs immer das Gegenteil von dem machen will, was die Eltern tun.
Und schließlich bleibt noch abzuwarten, wie die Behörden auf entstehende Jurtensiedlungen reagieren werden. Denn rundum steigt das Interesse an alternativen Wohnformen wie der unseren, was mir wiederum großen Mut macht. Ich stelle mir vor, wie wir unser

Land, unsere ganze Erde gestalten können. Wenn es nicht mehr nur um den Nutzen einiger weniger Riesenkonzerne und einer dünnen Oberschicht geht, für die die allermeisten Menschen ihr Leben lang hart arbeiten müssen, sondern um wirkliche Lebensqualität für alle. Es mag utopisch klingen, aber ich glaube fest daran, dass selbst unsere wildesten Träume in Erfüllung gehen können, sobald wir es wirklich wollen. Sosehr wir auch davon entfernt zu sein scheinen, manchmal habe ich das Gefühl, dass wir ganz kurz vor einem großen Schritt stehen, der sehr viel Gutes bringen wird.

Ich wünsche mir von ganzem Herzen, dass die Akzeptanz für alternative Lebensweisen größer wird und Räume entstehen, in denen sie ausprobiert und erforscht werden können. Denn nach wie vor ist das Allerschwierigste am Jurtenleben, einen guten Platz zu finden. Einen Platz, an dem man nicht von der Gunst eines Vermieters abhängig ist. Einen Platz, in den man keine riesige Kaufsumme investieren und dennoch befürchten muss, dass die Behörden die Jurte entfernen lassen.

In Wales unterstützt das »Low Impact Development Program« Menschen, die ihren ökologischen Fußabdruck, also ihren jährlichen Ressourcenverbrauch, verringern. Wer dort seinen Global Footprint um die Hälfte reduziert, bekommt für ein ökologisch sinnvolles, $CO_2$-neutrales Bauvorhaben Sonderbaurechte auf Agrarland. In der Folge sind zahlreiche Jurten und Erdhäusersiedlungen entstanden, und es wurde auf diese Weise gleichzeitig der Landflucht ein wirksames Mittel entgegengesetzt. Darüber hinaus entwickeln sich viele grüne Oasen, die der Artenvielfalt und der Bodenqualität sehr zugute kommen.

Wieso gibt es so etwas in Deutschland noch nicht? Vielleicht muss sich dafür erst das Image dieser Lebensformen ändern. Ich habe das Gefühl, dass viele Menschen eine Jurtensiedlung unwillkürlich mit einem Slum assoziieren. Nur wenige können sich vorstellen, dass man freiwillig in die Jurte zieht und lieber dort als in einem festen Haus lebt.

Ein großes Vorbild ist für mich Andrea Weibel, die in der Schweiz mit einigen Freunden an einem Standort mit rund zwanzig Jurten lebt. Auch für sie war es ein langer Weg, bis sie diesen Platz gefunden hatten und dank Sondergenehmigungen und viel Glück auch in ihrer Art bebauen durften. Ihre Feuerzelte sind im Verlauf vieler Jahre entstanden. Heute kann man dort verschiedenste Kurse besuchen oder einfach in einer der schönen selbst geschreinerten Jurten übernachten. Und ganz nebenbei wird auch der Tourismus in dem sehr abgelegenen Bergdorf belebt, zu dem die Jurtensiedlung gehört.

So ein Projekt ist dem Prestige der ungewöhnlichen Jurten natürlich äußerst zuträglich.
Andrea Weibels Jurtendorf ist langsam gewachsen, und auch ich fühle mich in einem Wachstumsprozess begriffen, zu dem Platzwechsel und Schwierigkeiten ebenso gehören wie sehr schöne Zwischenstationen. Ich bin gespannt, wie sich dieser Prozess weiter entwickeln wird, was noch überwunden und genossen werden will, bis sich alles rund anfühlt. So fehlen mir beispielsweise alte Menschen, die mit uns leben, und auch Tiere. Womöglich entsteht durch uns ja auch eines Tages ein Jurtendorf wie in der Schweiz – wenn sich ein guter Platz findet, an dem wir willkommen sind.

Ich sitze an einem sonnigen Tag vor der Werkstattjurte und schnitze an einem Bogen. Da kommen unsere »Jurtendorfkinder« angewetzt, vertieft in ihr Spiel. Keiner muss auf sie aufpassen, und doch wissen sie, dass immer jemand da ist, zu dem sie kommen können. An der Feuerstelle zündeln zwei von »unseren« schwangeren Mamas lachend an einem Feuer fürs gemeinsame Essen. Rauch steigt auf, es scheint zu klappen.
Ich denke an die Amazonas-Indianer aus Jean Liedloffs Buch, stelle mir vor, was sie bei ihnen erlebt hat, das sie so inspiriert hat. Zum ersten Mal kann ich ahnen, was es bedeutet, zu einem »Stamm« zu gehören – nach so langer Zeit als hochindividualisierter Europäer, für den Gemeinschaft ein Zustand ist, der nach allgemeiner Erfahrung in Zerwürfnis und Streit enden muss. Doch das hier fühlt sich anders an, auch nicht nach einem »Zurückwollen«, sondern einfach natürlich und richtig. So kann ich mir vorstellen, dass ich meine Kinder frohen Herzens aufwachsen sehen werde, auch wenn noch viele Fragen offen und wir noch lange nicht am Ziel sind.
So geht die Reise weiter in der »fliegenden Jurte«, durch Frühling, Sommer, Herbst und Winter, bis wir das verlorene Glück ganz wiedergefunden haben.

# Die Spinnerinnen

Im ersten Jahr an der Schnitzschule nahm der Traum vom Handwerk im Holz Gestalt an. Doch ich wollte so gern noch mehr über traditionelles Handwerk lernen. Da hörte ich von einer kleinen Gruppe Oberammergauer Frauen, die sich in den Wintermonaten treffen, um gemeinsam Wolle zu spinnen. Ich hatte weder ein Spinnrad noch Wolle, nahm nur meinen Mut zusammen und ging hin.
Etwas unsicher war ich schon, als neu zugereistes Greenhorn, »ned von do«, und mit dem Wissen, dass Schnitzschüler in Oberammergau einen wilden Ruf genießen. Doch ich wurde herzlich in die Runde aufgenommen, mit einem Spinnrad und bester Wolle ausgestattet. Es gab selbst gemachtes Kletzenbrot, selbst gepressten Apfelsaft und so viel Hilfe, bis der Faden nicht mehr riss.
Mit gespitzten Ohren lauschte ich den Gesprächen der Frauen, die Kompetenzen besitzen, von denen ich damals nur träumen konnte: Sie bestellen Gärten, halten Schafe und haben viel Ahnung vom Filzen, Wollefärben, Stricken und vielem mehr – vor allem eine, die Anna. Sie vermittelte mir mein Spinnrad, das sie auf dem Sperrmüll gefunden und aufpoliert hatte. Zusammen waren wir bei der Schafschur und kamen mit Säcken voll schönster Wolle zurück. In ihrem Garten konnten wir in einem großen Waschkessel die Wolle für unsere erste Jurtenwand waschen, und als es zum Filzen ging, war Anna dabei. Sie verschaffte uns auch die Kontakte zu den Bergschafbauern, die uns die Wolle für die Isolierung der Jurte lieferten. Von Anna kam auch das Buch, das uns verriet, wie wir die riesigen Wandfilze mit unserem Pferdchen herstellen können.
An unserem ersten Platz beehrte uns die gesamte Spinngruppe in der Jurte, obwohl sie über sechzig Kilometer weit aus Oberammergau anreisen musste. Aber der Reiz, ihre Wolle einmal in einem »Haus aus Wolle« zu verspinnen, ließ sie den weiten Weg gern in Kauf nehmen. Und weil es so ein schöner Abend war, haben wir das Ganze jetzt, zweieinhalb Jahre später, noch einmal an unserem neuen Platz am Fluss wiederholt. Selbst gebackene Plätzchen und die Spinnräder sind samt den Frauen in die Jurte getanzt und haben sich im Kreis gedreht. Und ich habe mich im Stillen bei mir selbst bedankt, dass ich mir damals einen Ruck gegeben habe und einfach hingegangen bin.

Nadja

Die Spinnerinen aus Oberammergau sind gekommen.

Warten auf Tonda

Tonda, wie Frida geboren in der Jurte

Nadja und Tonda erhalten die ersten Glückwünsche.

Die große Frida mit ihrem kleinen Bruder

Der Abend legt sich über die Jurte.

Silja und Frida, Freunde für's Leben

# Wege zum Holz, Nadjas Holzweg

Nach der Schule wurde ich zur Studentin. Eher orientierungslos wählte ich die zwei Fächer, die mir in der Schulzeit am meisten lagen: Deutsch und Geografie. Nur eins wusste ich sicher: Mein zukünftiger Beruf sollte schon während der Arbeitszeit eine Erfüllung sein, nicht erst in der Freizeit nach Feierabend. Aber worin diese Erfüllung liegen sollte – ich hatte nicht die leiseste Ahnung.

Die Welt der Theorie ließ mein Herz nicht höher schlagen, doch eines Tages sollte ich im Geografieseminar ein Referat über »Handwerk im ländlichen Raum« halten. Ich befragte meine Oma nach alten Handwerksarten, und sie erzählte mir vom Rad- und Fassmacher, vom Leiterbauer, vom Scherenschleifer und von den Schnitzern. Da war es, das Herzklopfen. Ab da war mir die Art und Weise meiner Erfüllung etwas klarer: etwas mit den Händen erschaffen und bearbeiten.

Ich absolvierte Praktika beim Bäcker, auf dem Bauernhof, beim Bühnenbild am Theater. Nichts fühlte sich richtig an. Mein Patenonkel erzählte mir von der Schnitzschule in Oberammergau. Ich fuhr hin, dann war es klar: Das ist es. Lange hatte ich herumgejobbt, als Zeitungsausträgerin, als Bedienung, als Verkäuferin hinter der Käse- und Brottheke, als Reitlehrerin, Putzfrau und Babysitterin. Doch jetzt war ich angekommen. Ganz mit den Augen in der Welt der Formen und dem Schnitzeisen in der Hand. Mein Weg zum Holz begann.

Doch wie damit Geld verdienen in der heutigen Zeit? Eine brotlose Kunst, der Holzweg? Diese Unsicherheit ist ein Thema beim Künstlerberuf, aber bisher hat er mir immer ein Brot eingebracht … und durch ein wunderbares Tauschgeschäft mit einer Konditorin auch ein Jahr lang einmal die Woche Sahnetorte.

Glücklicherweise blieb ich nach meiner Ausbildung noch eine Weile in Oberammergau beim David, der mit der Ausbildung ein Jahr später angefangen hatte. Über meine Schnitzschullehrer und ehemaligen Mitschüler konnte ich immer wieder wertvolle Kontakte zu anderen Handwerkern knüpfen, Ausstellungsmöglichkeiten oder Verbindungen zu Künstlermärkten finden.

Sobald wir mit der Jurte an einem Ort landen, halten wir Ausschau nach der nächstgelegenen Werkstatt, die es zum Bildhauern ebenso braucht wie Holz, Schnitzeisen und die Idee. Bisher hatten wir immer Glück. Auf allen Höfen, auf denen wir die Jurte aufschlagen konnten, durften wir die Werkstatt mitbenutzen.

Auf dem neuen Grundstück am wilden Fluss gibt es jedoch keine Werkstatt. Deshalb haben wir beschlossen, eine Werkstattjurte zu bauen.

Nadja

Endlich Hühner – der nächste Schritt zur Selbstversorgung

Nadja und Frida bepflanzen die Hügelbeete. Tonda schläft im Tuch.

David beim Bogenschießen in der »Wildnis« hinter der Jurte

Am Abend in der Jurte – David sitzt über seinen Texten.

Schnitzkurs in der neuen Werkstattjurte

David beim »Workout« nach getaner Arbeit

Der Unkrautstecken fürs Hügelbeet

Jurtenstillleben

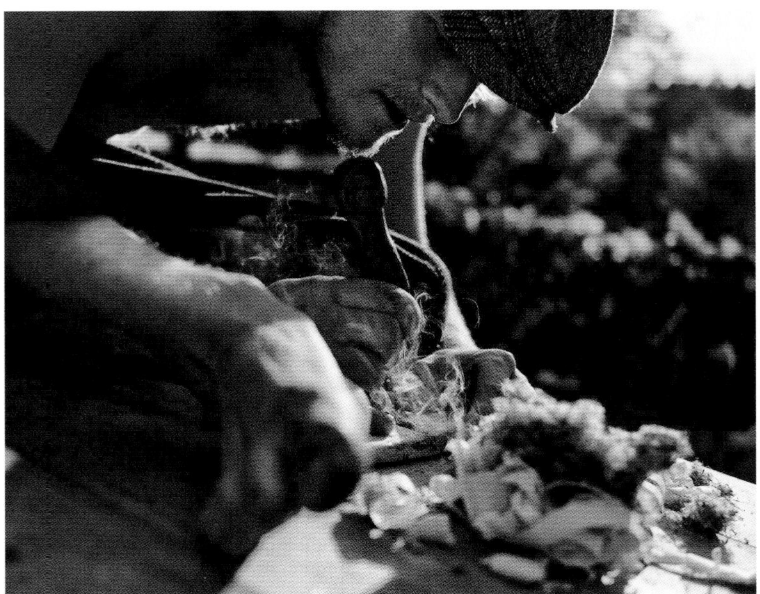

Feuermachen auf die anstrengende Art und Weise

»Da Jurda«, wo auch immer die »fliegende Jurte« landen mag

Frida macht sich mit ihrem ersten Rucksack auf den Weg.

Das Ende vom Anfang

# Impressum

Deutsche Originalausgabe


Gestaltung und Satz: Stefan Böhm, Stefan Rosenboom, Habach
Lektorat: Barbara Rusch, München, Katja Böhm, Habach
Titelidee: Jonas Fredriksson, Kochel
Lithografie: Reproline Mediateam, Unterföhring
Herstellung: VerlagsService Dr. Helmut Neuberger &
Karl Schaumann GmbH, Heimstetten
Druck: Print Consult, München
Printed in EU

ISBN 978-3-86873-731-8



www.knesebeck-verlag.de